脳の専門家が選んだ

「賢い子」を育てる「どうして？」クイズ100

瀧 靖之 監修
東北大学 加齢医学研究所教授

宝島社

はじめに

私《わたし》は、脳《のう》の専門家《せんもんか》として、「どうすれば脳《のう》を健康《けんこう》に保《たも》ち、認知症《にんちしょう》を防《ふせ》ぐことができるか」について研究《けんきゅう》を続《つづ》けています。

子《こ》どもから高齢者《こうれいしゃ》まで、これまでに多《おお》くの脳画像《のうがぞう》を解析《かいせき》してきた結果《けっか》、また大勢《おおぜい》のほかの研究者《けんきゅうしゃ》の知見《ちけん》からも、ある事実《じじつ》が見《み》えてきました。子《こ》どもがもともともっている「好奇心《こうきしん》」を引《ひ》き出《だ》し、伸《の》ばしてあげると、賢《かしこ》い子《こ》に育《そだ》つ可能性《かのうせい》が見《み》えてきたのです。

この本《ほん》には、子《こ》どもたちの「どうして？」という好奇心《こうきしん》を刺激《しげき》する１００のおはなしを集《あつ》めました。それぞれクイズ形式《けいしき》にして、答《こた》えを考《かんが》えながら読《よ》み進《すす》めるようになっています。

自然《しぜん》、科学《かがく》、生《い》き物《もの》、生活《せいかつ》といった身近《みぢか》な項目《こうもく》から、こころ、ともだち、おばけなど、明確《めいかく》な答《こた》えがない項目《こうもく》も取《と》り上《あ》げました。

この本《ほん》に書《か》かれていることがすべてではなく、いろいろな考《かんが》え方《かた》があると思《おも》います。自分《じぶん》なりの答《こた》えを見《み》つけていただければうれしいです。

それぞれのおはなしには、「賢《かしこ》い子《こ》を育《そだ》てるコツ」として、実用的《じつようてき》な情報《じょうほう》や豆知識《まめちしき》、子《こ》どもへの働《はたら》きかけのポイントなども紹介《しょうかい》しています。ぜひ役立《やくだ》ててみてください。

脳《のう》の研究《けんきゅう》から、幼《おさな》いころの好奇心《こうきしん》の有無《うむ》が、生涯《しょうがい》にわたり脳《のう》の健康《けんこう》に影響《えいきょう》を与《あた》える可《か》能性《のうせい》があることも、明《あき》らかになっています。また、親子《おやこ》の触《ふ》れ合《あ》いが子《こ》どもの学力《がくりょく》に結《むす》びつくことも判明《はんめい》しています。

この本《ほん》をきっかけに、親子《おやこ》で楽《たの》しく興味《きょうみ》や関心《かんしん》の幅《はば》を広《ひろ》げていただければ幸《さいわ》いです。

東北大学《とうほくだいがく》 加齢医学研究所《かれいいがくけんきゅうじょ》
教授《きょうじゅ》・医学博士《いがくはくし》
瀧《たき》 靖之《やすゆき》

世界最先端《せかいさいせんたん》の脳研究《のうけんきゅう》が実証《じっしょう》！「どうして？」が賢《かし》い子《こ》を育《そだ》てる

私《わたし》の所属《しょぞく》する東北大学《とうほくだいがく》 加齢医学研究所《かれいいがくけんきゅうじょ》は、MRI《エムアールアイ》という装置《そうち》で脳《のう》の中《なか》を映《うつ》し出《だ》し、それを解析《かいせき》するという、世界《せかい》最先端《さいせんたん》の脳研究《のうけんきゅう》を行《おこな》っています。5才《さい》の子《こ》どもから80才《さい》を超《こ》える高齢者《こうれいしゃ》まで、多数《たすう》の方々《かたがた》の脳画像《のうがぞう》とともに遺伝《いでん》、生《せい》活習慣《かつしゅうかん》などのデータを蓄積《ちくせき》し、解析《かいせき》したり、ほかの研究《けんきゅう》者《しゃ》の知見《ちけん》も合《あ》わせていった結果《けっか》、「どんなふうに育《そだ》ったら賢《かしこ》くなるのか」が見《み》えてきたのです。

私《わたし》が考《かんが》える賢《かしこ》い子《こ》とは、知的好奇心《ちてきこうきしん》が強《つよ》く、身《み》のまわりのあらゆる物事《ものごと》に、「どうして？」と疑問《ぎもん》をもてる子《こ》です。「どうして花《はな》は種《たね》から育《そだ》つの？」「どうして夜《よる》は暗《くら》いの？」

東北大学 加齢医学研究所
教授・医学博士
瀧 靖之
（たき・やすゆき）

1970年生まれ。医師、医学博士。東北大学大学院医学系研究科博士課程修了。東北大学加齢医学研究所機能画像医学研究分野教授。東日本大震災後、被災地の健康調査や医療支援を行うために設立された東北大学東北メディカル・メガバンク機構教授。脳の発達、加齢のメカニズムを明らかにする世界最先端の脳画像研究を行う。読影や解析をした脳MRIはこれまでに16万人にのぼる。

など、なんでも聞《き》いてきて困《こま》るぐらいがいいのです。お父《とう》さんやお母《かあ》さんは、面倒《めんどう》くさがらず答《こた》えてあげてください。

そして、図鑑《ずかん》や本《ほん》で調《しら》べることを習慣《しゅうかん》づけられるといいと思《おも》います。3〜4才《さい》くらいになると、図《ず》鑑《かん》や本《ほん》を取《と》り出《だ》し、「自分《じぶん》で調《しら》べる」ことができるようになっていきます。「知《し》りたい」という好奇心《こうきしん》が強《つよ》ければ、調《しら》べることは難《むずか》しくはありません。子《こ》どもの質問《しつもん》は、私《わたし》たち大人《おとな》の知識《ちしき》を軽々《かるがる》と超《こ》えてしまいます。ですから、徐々《じょじょ》に親《おや》はがんばって答《こた》えなくなるほうが、子《こ》どもにとってもいいのです。

脳《のう》は、自《みずか》らを成長《せいちょう》させることができます。時間《じかん》を忘《わす》れて何《なに》かに取《と》り組《く》み、突《つ》きつめることができる子《こ》は、ほかの分《ぶん》野《や》についても脳《のう》を成長《せいちょう》させやすくなる特徴《とくちょう》があります。幼《おさな》いうちに好奇心《こうきしん》をもって何《なに》かを楽《たの》しんだ子《こ》は、成長《せいちょう》しても興味《きょうみ》をもって何事《なにごと》にも取《と》り組《く》むことができます。すると、勉強《べんきょう》も苦《く》にならず、自然《しぜん》と学力《がくりょく》も高《たか》くなると考《かんが》えられます。

「賢《かしこ》い子《こ》」を育《そだ》てるために具体的《ぐたいてき》にはどうしたらいいの？

好奇心《こうきしん》の種《たね》をまき背中《せなか》を押《お》してあげる

成長期《せいちょうき》の子《こ》どもに親《おや》がするべきことは、①「好《こう》奇心《きしん》の種《たね》をまく」、②「背中《せなか》を押《お》してあげる」、この2つであることが脳医学的《のういがくてき》にわかっています。

①「好奇心《こうきしん》の種《たね》をまく」については、前《まえ》のページでご紹介《しょうかい》したとおり、まずは図鑑《ずかん》や本《ほん》を身近《みぢか》に置《お》いて、親《した》しませてあげてください。大切《たいせつ》なのは、最初《さいしょ》に「親《おや》も図鑑《ずかん》や本《ほん》が好《す》き」という態度《たいど》を子《こ》どもに見《み》せることです。お父《とう》さんやお母《かあ》さんが楽《たの》しそうに読《よ》んでいると、子《こ》どもは真似《まね》して自分《じぶん》で読《よ》むようになります。

図鑑《ずかん》や本《ほん》は、いっぺんに全巻《ぜんかん》をそろえる必要《ひつよう》はありません。子《こ》どもが興味《きょうみ》を示《しめ》したジャンルを少《すこ》しずつ買《か》い足《た》していくといいでしょう。

その次《つぎ》の②「背中《せなか》を押《お》してあげる」は、リアルな体験《たいけん》と結《むす》びつけることです。たとえば、恐竜《きょうりゅう》に興味《きょうみ》をもったら、博物館《はくぶつかん》などに足《あし》を運《はこ》びましょう。実物大《じつぶつだい》の模型《もけい》や骨《ほね》を見《み》たときに、子《こ》どもの好奇《こうき》心《しん》はさらに刺激《しげき》されます。恐竜《きょうりゅう》のことをもっと知《し》りたくなり、その子《こ》は自《みずか》ら学《まな》ぶ力《ちから》を深《ふか》めていけるようになるのです。「子《こ》どもに知識《ちしき》を覚《おぼ》えさせよう」というよりも、肩《かた》の力《ちから》を抜《ぬ》いて、「家族《かぞく》みんなで楽《たの》しもう」という姿勢《しせい》で出《で》かけるのがいいと思《おも》います。

「うちの子《こ》はなにに興味《きょうみ》があるのかわからない」という場合《ばあい》は、とにかく幅広《はばひろ》いジャンルの図鑑《ずかん》や本《ほん》を見《み》せたり、旅行《りょこう》に出《で》かけたりするのもいいでしょう。国内《こくない》でも海外《かいがい》でも、乗《の》り物《もの》で移動《いどう》し、見《み》たことのない風景《ふうけい》や食《た》べ物《もの》などに触《ふ》れれば、なにかピンとくるものが見《み》つかるはずです。

子《こ》どもはときどき、大人《おとな》が驚《おどろ》くような鋭《するど》いことをいったりします。答《こた》えるのが難《むずか》しい質問《しつもん》をしてきたら、「すごいことに気《き》づいたね！」とほめてあげましょう。そして、「難《むずか》しいからいっしょに調《しら》べよう」と誘《さそ》ってください。

親《おや》にとっても子《こ》どもにとっても、知《し》らないことをいっしょに調《しら》べるのは楽《たの》しいですし、絆《きずな》も深《ふか》められます。

子《こ》どもの中《なか》に育《そだ》った「好奇心《こうきしん》」は、やがて意欲《いよく》となり、生涯《しょうがい》にわたっての財産《ざいさん》となっていくでしょう。

今日《きょう》から実践《じっせん》してみよう！ 1日《にち》1話《わ》の読《よ》み聞《き》かせで賢《かしこ》く育《そだ》つ

読《よ》み聞《き》かせの効果《こうか》は 脳《のう》の発達《はったつ》研究《けんきゅう》でお墨付《すみつ》き！

小《ちい》さいうちから読《よ》み聞《き》かせをするのが、子《こ》どもを賢《かしこ》く育《そだ》てるためにもっともいい方法《ほうほう》だと脳《のう》の発《はっ》達《たつ》研究《けんきゅう》においても裏付《うらづ》けされています。

生《う》まれてすぐの赤《あか》ちゃんは、視覚《しかく》や聴覚《ちょうかく》がすさまじいスピードで発達《はったつ》します。最初《さいしょ》は聞《き》いているだけですが、しだいに絵《え》などを見《み》て、視覚的《しかくてき》な刺《し》激《げき》も受《う》けていきます。親《おや》のぬくもりを感《かん》じながら読《よ》み聞《き》かせをしてもらった子《こ》は、リラックスした状態《じょうたい》で頭《あたま》に入《はい》っていくので、言葉《ことば》の発達《はったつ》が驚《おどろ》くほど早《はや》くなります。

脳《のう》の特性的《とくせいてき》にも、子《こ》どもが好《す》き・嫌《きら》いの判断《はんだん》を自分《じぶん》でするようになる前《まえ》に、いろいろな絵本《えほん》や図《ず》鑑《かん》を見《み》せ、読《よ》み聞《き》かせをし、脳《のう》がたくさんの情報《じょうほう》を受《う》け入《い》れられるような態勢《たいせい》を整《ととの》えることが大事《だいじ》です。虫《むし》が苦手《にがて》だから虫《むし》の図鑑《ずかん》はいっしょに見《み》ない、というのはよくありません。乳幼児《にゅうようじ》のころにさまざまなジャンルに触《ふ》れさせてあげることが、将来《しょうらい》の可能性《かのうせい》につながっていきます。

自分《じぶん》で文字《もじ》が読《よ》めるようになっても、子《こ》どもが望《のぞ》むかぎり、読《よ》み聞《き》かせは続《つづ》けてください。とくに寝《ね》る前《まえ》に本《ほん》を読《よ》んであげれば、それだけでほっとして、ぐっすり眠《ねむ》ることができるはずです。十《じゅう》分《ぶん》な睡眠《すいみん》をとることも脳《のう》の成長《せいちょう》に欠《か》かせません。

子《こ》どもが何度《なんど》も同《おな》じおはなしを読《よ》みたがったら、がまん強《づよ》く読《よ》んであげましょう。そのうち本《ほん》の内容《ないよう》を丸暗記《まるあんき》するかもしれません。これは機械《きかい》暗記《あんき》といって特別《とくべつ》な意味《いみ》をもつわけではないのですが、記憶力《きおくりょく》は使《つか》うと伸《の》びるので、将来的《しょうらいてき》にいろいろな能力《のうりょく》が引《ひ》き出《だ》される可能性《かのうせい》があります。

本書《ほんしょ》には、1日《にち》1話《わ》ずつ読《よ》み聞《き》かせをするのにちょうどいい分量《ぶんりょう》のおはなしを100話《わ》掲載《けいさい》しています。「どうして？」に答《こた》える3択《たく》クイズから始《はじ》まるおはなしを、その日《ひ》の気分《きぶん》で選《えら》ぶといいでしょう。

くり返《かえ》しますが、賢《かしこ》い子《こ》を育《そだ》てるコツは、子《こ》どもに何《なに》かをやらせるのではなく、好《こう》奇心《きしん》を引《ひ》き出《だ》し、背中《せなか》を押《お》してあげることです。ぜひこの本《ほん》を活用《かつよう》して、親子《おやこ》でさまざまなジャンルのおはなしを楽《たの》しんでください。

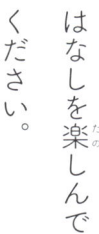

Contents

この本《ほん》のつかい方《かた》

13のジャンルにわけ、それぞれマークで示《しめ》しています。おもしろそう！と思《おも》ったおはなしから読《よ》みましょう。

ここがポイント！

…からだ
…いきもの
…しぜん
…うちゅう
…おばけ
…いのち
…こころ
…ともだち
…おとな
…イベント
…せいかつ
…よのなか
…おかね

おばけのどうして？

いのちのどうして？

こころのどうして？

ともだちのどうして？

おとなのどうして？

イベントのどうして？

せいかつのどうして？

よのなかのどうして？

おかねのどうして？

からだ

どうして目《め》はふたつあるの？

1 かた目《め》がケガをしてもこまらないように

2 もののあつみや距離《きょり》がわかるように

3 目《め》がふたつあるほうがかっこいいから

た目《め》をつぶって見《み》てものはちゃんと見《み》えますよね。だったら目《め》はひとつでもいいと思《おも》うかもしれません。でも目《め》がふたつあるのにはちゃんと理由《りゆう》があります。

右目《みぎめ》と左目《ひだりめ》を交互《こうご》につぶってものを見《み》てみてください。すると、右目《みぎめ》で見《み》ているときと左目《ひだりめ》で見《み》ているときとではものの見《み》え方《かた》が少《すこ》しずれているように見《み》えるはずです。

右目《みぎめ》と左目《ひだりめ》の位置《いち》は左右《さゆう》に離《はな》れていますよね。だから右目《みぎめ》と左目《ひだりめ》ではものの見《み》え方《かた》がちがうのです。でもあなたがものを見《み》ているときはこうしたズレがありませんよね。これは右目《みぎめ》で見《み》た映像《えいぞう》と左目《ひだりめ》で見《み》た映像《えいぞう》のふたつの映像《えいぞう》を、脳《のう》が合《あ》わせてひとつの映像《えいぞう》にしているからです。右目《みぎめ》はものの右《みぎ》がわがより広《ひろ》く見《み》えます。反対《はんたい》に左目《ひだりめ》は左《ひだり》がわがより広《ひろ》く見《み》えます。こうしたズレを脳《のう》が合《あ》わせることにより、そこにあるものがた

目《め》がふたつあるのには理由《りゆう》がある！

目《め》がふたつあると、ものが立体的《りったいてき》に見《み》えたり
どれくらい遠《とお》くにあるかわかるよ。

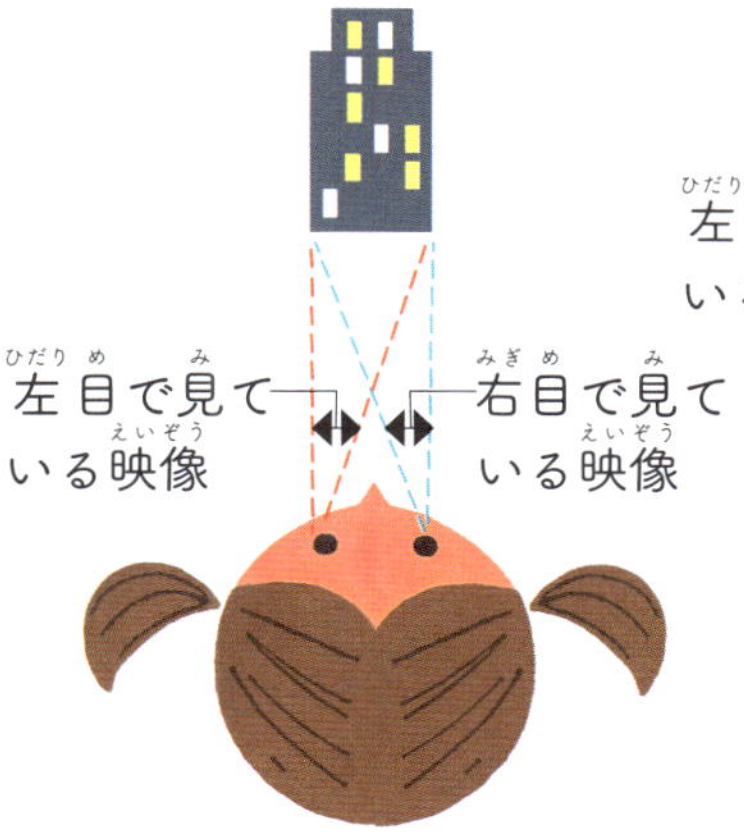

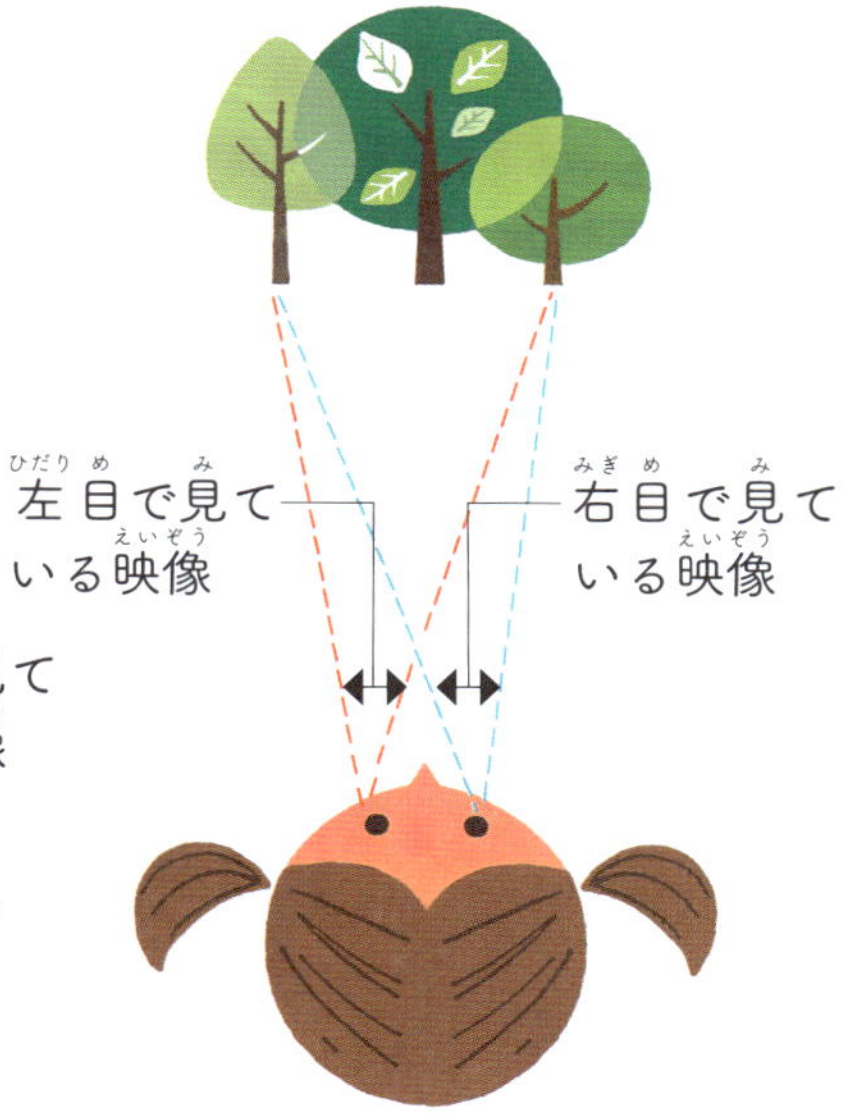

右目《みぎめ》と左目《ひだりめ》だと見《み》える映像《えいぞう》にズレがあるよ。
そのズレからもののあつみや、遠《とお》さや近《ちか》さが
わかるんだ！

いらではなくあつみがあるように見《み》えるのです。

こんどは、近《ちか》くにあるものと遠《とお》くにあるものを右目《みぎめ》と左目《ひだりめ》で交互《こうご》に見《み》てみましょう。遠《とお》くにあるものはそれほどズレがなく見《み》えるのに、近《ちか》くのものは大《おお》きくずれて見《み》えます。

こうした右目《みぎめ》と左目《ひだりめ》のふたつの映像《えいぞう》のズレを脳《のう》がわかることによって、ものまでの距離《きょり》もわかるようになるのです。

（答《こた》え②）

瀧靖之先生の

賢い子を育てるコツ

動物《どうぶつ》や魚《さかな》の目《め》を観察《かんさつ》してみよう

肉食動物《にくしょくどうぶつ》と草食動物《そうしょくどうぶつ》では、目《め》のつくりに大《おお》きなちがいがあります。イヌなど肉食動《にくしょくどう》物《ぶつ》の目《め》は人間《にんげん》と同《おな》じように顔《かお》の前《まえ》にありますが、ウサギなどの草食動物《そうしょくどうぶつ》や魚《さかな》、鳥《とり》は横《よこ》にあります。図鑑《ずかん》などでしらべてみましょう。

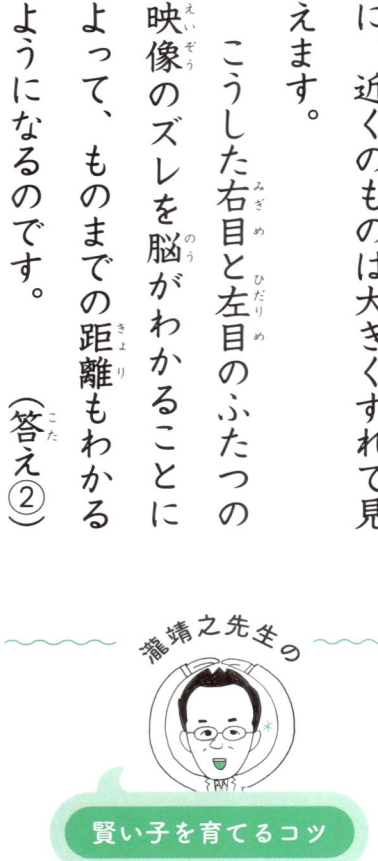

からだ

2

どうしてかみの毛《け》があるの？

1 頭《あたま》を天気《てんき》やケガから守《まも》るため

2 顔《かお》をかくせるようにするため

3 身長《しんちょう》が高《たか》く見《み》えるようにするため

サルやヒツジなど、人間《にんげん》以外《いがい》の多《おお》くの動物《どうぶつ》には体全体《からだぜんたい》に毛《け》がありますよね。じつは人間《にんげん》にも体全体《からだぜんたい》に毛《け》があります。たとえば、うでや顔《かお》をよーく見《み》てみるととてもほそい毛《け》があることがわかります。でもこういったうでや顔《かお》の毛《け》がかみの毛《け》ほど長《なが》くのびることはありません。どうして人間《にんげん》はかみの毛《け》だけが長《なが》くのびるのか、はっきりとしたことはわかっていません。でも人間《にんげん》を研究《けんきゅう》している学者《がくしゃ》たちが、かみの毛《け》がのびる理由《りゆう》をいくつか考《かんが》えています。

ひとつは大切《たいせつ》な頭《あたま》を守《まも》るためです。外《そと》で遊《あそ》ぶときにはぼうしをかぶりますよね。夏《なつ》にはつよい日《ひ》ざしで頭《あたま》があつくなってしまいますし、冬《ふゆ》にはさむくなります。かみの毛《け》にはこうしたあつさやさむさから頭《あたま》を守《まも》る役《やく》わりがあります。またなにかが頭《あたま》にぶつかったときにかみの毛《け》はクッションのかわりになります。

かみの毛《け》は頭《あたま》を守《まも》るクッション！

かみの毛《け》が、あつさやさむさ、
小《ちい》さな石《いし》などから頭《あたま》を守《まも》ってくれているんだ。

夏《なつ》のあつい日《ひ》ざしや冬《ふゆ》のさむい風《かぜ》から頭《あたま》を守《まも》ってくれるのが、かみの毛《け》だよ。かみがたを変《か》えておしゃれをするのも人間《にんげん》だけだよ。

おしゃれのためと考《かんが》える学者《がくしゃ》もいます。ほかの動物《どうぶつ》とちがって人《にん》間《げん》はおしゃれをします。昔《むかし》から人《にん》間《げん》は、かみを切《き》ったり、むすんだりしてきました。だからかみの毛《け》は長《なが》くのびるように残《のこ》ったというのです。また、かみの毛《け》は女《おんな》の人《ひと》のほうがのびやすいのですが、かみの毛《け》の長《なが》さのちがいで男《おとこ》の人《ひと》と女《おんな》の人《ひと》の区別《くべつ》をしやすくしたと考《かんが》える学者《がくしゃ》もいます。

（答《こた》え①）

瀧靖之先生の

賢い子を育てるコツ

かみの毛《け》の色《いろ》はどうやってきまるの？

世界《せかい》には金《きん》ぱつや赤毛《あかげ》など、いろいろなかみの色《いろ》の人《ひと》がいます。かみの色《いろ》は、かみの毛《け》にふくまれる「メラニン」という色素《しきそ》の種類《しゅるい》と量《りょう》できまります。年《とし》をとってかみの毛《け》が白《しろ》くなるのは、メラニンがつくられなくなるからです。

からだ

3

どうして音《おと》は耳《みみ》から聞《き》こえるの？

1 耳《みみ》が音《おと》の電波《でんぱ》をキャッチしているから

2 耳《みみ》の中《なか》で音《おと》をつくっているから

3 耳《みみ》が空気《くうき》のふるえを感《かん》じるから

音《おと》は目《め》に見《み》えませんよね。形《かたち》がないのにどうやって聞《き》こえているのかというと、空気《くうき》がふるえることで音《おと》が聞《き》こえるのです。たいこやシンバルを大《おお》きく鳴《な》らすとビリビリっと空気《くうき》がふるえるのを感《かん》じます。小《ちい》さな音《おと》だと空気《くうき》がふるえているのを感《かん》じませんが、たいこやシンバルみたいに空気《くうき》が小《ちい》さくふるえているのです。この空気《くうき》のふるえを耳《みみ》が感《かん》じとって音《おと》が聞《き》こえています。

　空気《くうき》のふるえは、耳《みみ》のあなをとおって「こまく」といううすいまくに伝《つた》わります。このこまくのふるえがさらに「耳小骨《じしょうこつ》」という３つの小《ちい》さな骨《ほね》をふるわせます。そして「蝸牛《かぎゅう》」というところにある液体《えきたい》をふるわせて、そのふるえの信号《しんごう》を脳《のう》に伝《つた》えます。

　こうしてやっと人間《にんげん》は音《おと》が聞《き》こえた、と思《おも》うのです。音《おと》のちがいは空《くう》気《き》のふるえのちがいによって変《か》わるのです。空気《くうき》にかぎらず水《みず》の中《なか》でも

音《おと》の正体《しょうたい》は空気《くうき》のふるえ！

耳《みみ》は空気《くうき》のふるえをキャッチして
脳《のう》に信号《しんごう》をおくるものなんだ。

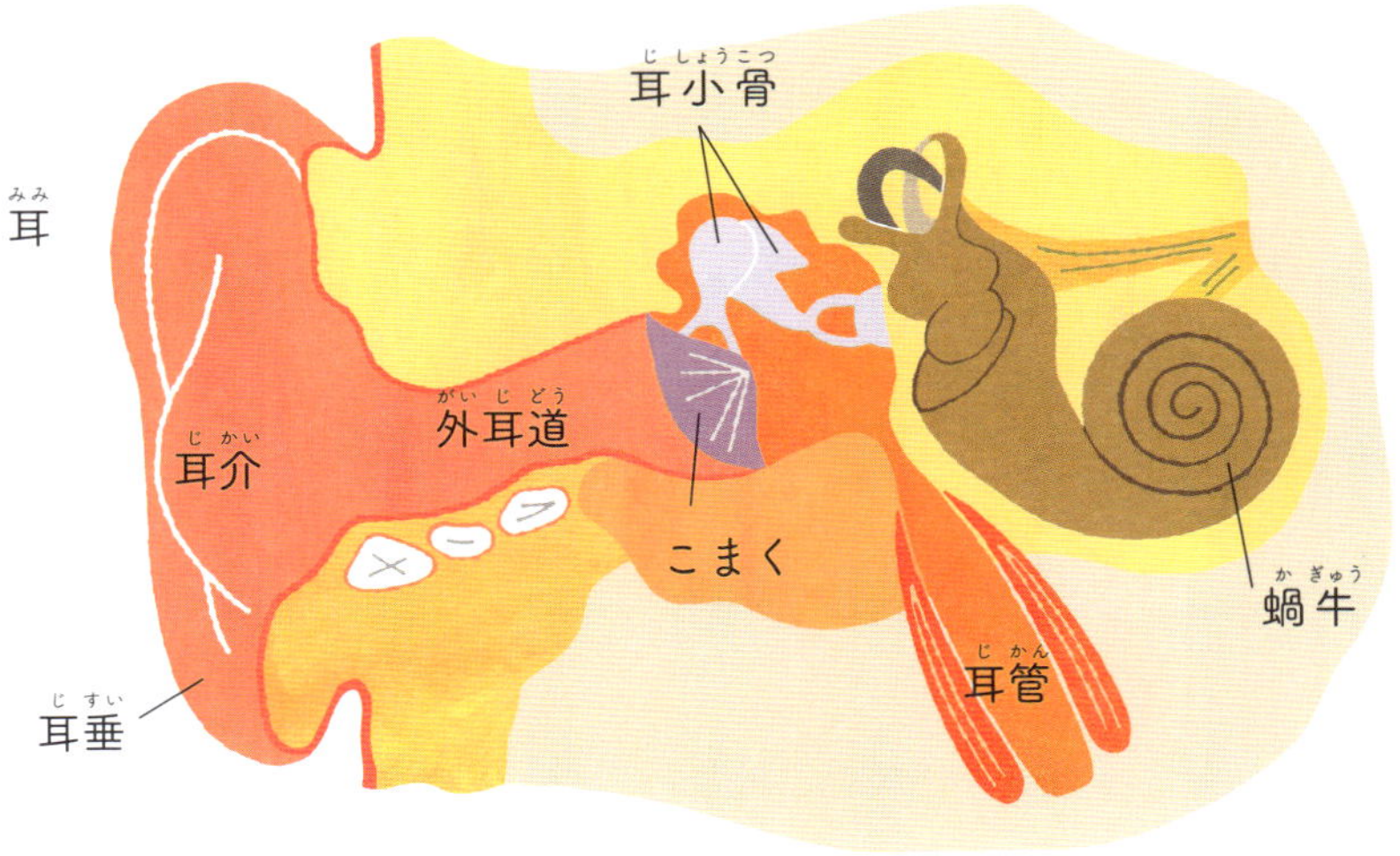

空気《くうき》のふるえは、こまくでキャッチされて、耳小骨《じしょうこつ》、蝸牛《かぎゅう》へと伝《つた》わるよ。そして、脳《のう》に信《しん》号《ごう》がおくられて音《おと》が聞《き》こえたとわかるんだ。

音《おと》は聞《き》こえます。でもプールで水《みず》の中《なか》にもぐると音《おと》の聞《き》こえ方《かた》が変《か》わりますよね。これは空気《くうき》と水《みず》ではふるえ方《かた》が変《か》わるからです。また宇宙《うちゅう》には空気《くうき》や水《みず》がなく、ふるえを伝《つた》えるものがないので音《おと》は聞《き》こえません。

　ところで耳《みみ》も目《め》と同《おな》じようにふたつありますが、これは右耳《みぎみみ》と左《ひだり》耳《みみ》の音《おと》の大《おお》きさのちがいから、音《おと》が出《で》ている方向《ほうこう》をわかるようにするためです。（答《こた》え③）

瀧靖之先生の

賢い子を育てるコツ

山《やま》で好《す》きなことばをさけんでみよう

山《やま》や谷《たに》に向《む》かって「ヤッホー」とさけぶと、少《すこ》しおくれて「ヤッホー」と聞《き》こえます。これは、自分《じぶん》で出《だ》した声《こえ》が山《やま》に当《あ》たり、はね返《かえ》ってくるもので「山《やま》びこ」といいます。どうしてその名前《なまえ》がついたのかしらべてみましょう。

からだ

4

どうしてたんこぶはできるの？

1 冷《ひ》やしやすくするため

2 かみの毛《け》がはれるから

3 皮《ひ》ふの下《した》で血《ち》がたまって固《かた》まるから

頭《あたま》をぶつけるとその部分《ぶぶん》がたんこぶになります。でも太《ふと》ももやおしりを強《つよ》くぶつけてもたんこぶはできません。転《ころ》んでひざをすりむくと血《ち》が出《で》ますよね。これは、皮《ひ》ふの下《した》には細《ほそ》い血《けっ》かんがたくさんあり、皮《ひ》ふと血《けっ》かんがやぶけて血《ち》が外《そと》に出《で》てくるからです。

体《からだ》のひとつの部分《ぶぶん》を強《つよ》くぶつけると、皮《ひ》ふがやぶけていなくても皮《ひ》ふの下《した》の血《けっ》かんはやぶれてしまいます。血《ち》が外《そと》に出《で》てこなくて皮《ひ》ふの下《した》で血《ち》が出《で》ていることを内出血《ないしゅっけつ》といいます。

頭《あたま》とおしりをさわってみると頭《あたま》は固《かた》く、おしりはやわらかいですよね。頭《あたま》は皮《ひ》ふの下《した》にすぐ骨《ほね》があるから固《かた》いのです。頭《あたま》を強《つよ》くぶつけて内出《ないしゅっ》血《けつ》をすると、すぐ下《した》に骨《ほね》があってあつみがないため、まわりに血《ち》が広《ひろ》がることができずにたまり、そのまま固《かた》まってしまいます。こうして固《かた》まった血《ち》が皮《ひ》ふをもり上《あ》げてたんこぶになるのです。

たんこぶは皮《ひ》ふの下《した》にできた血《ち》のかたまり！

**体《からだ》の一部《いちぶ》を強《つよ》くぶつけると血《ち》が出《で》なくても
皮《ひ》ふの下《した》では血《ち》が出《で》ることがあるよ。**

血《ち》がたまって固《かた》まる。

血《ち》がたまらないで
ほかのところに広《ひろ》がる。

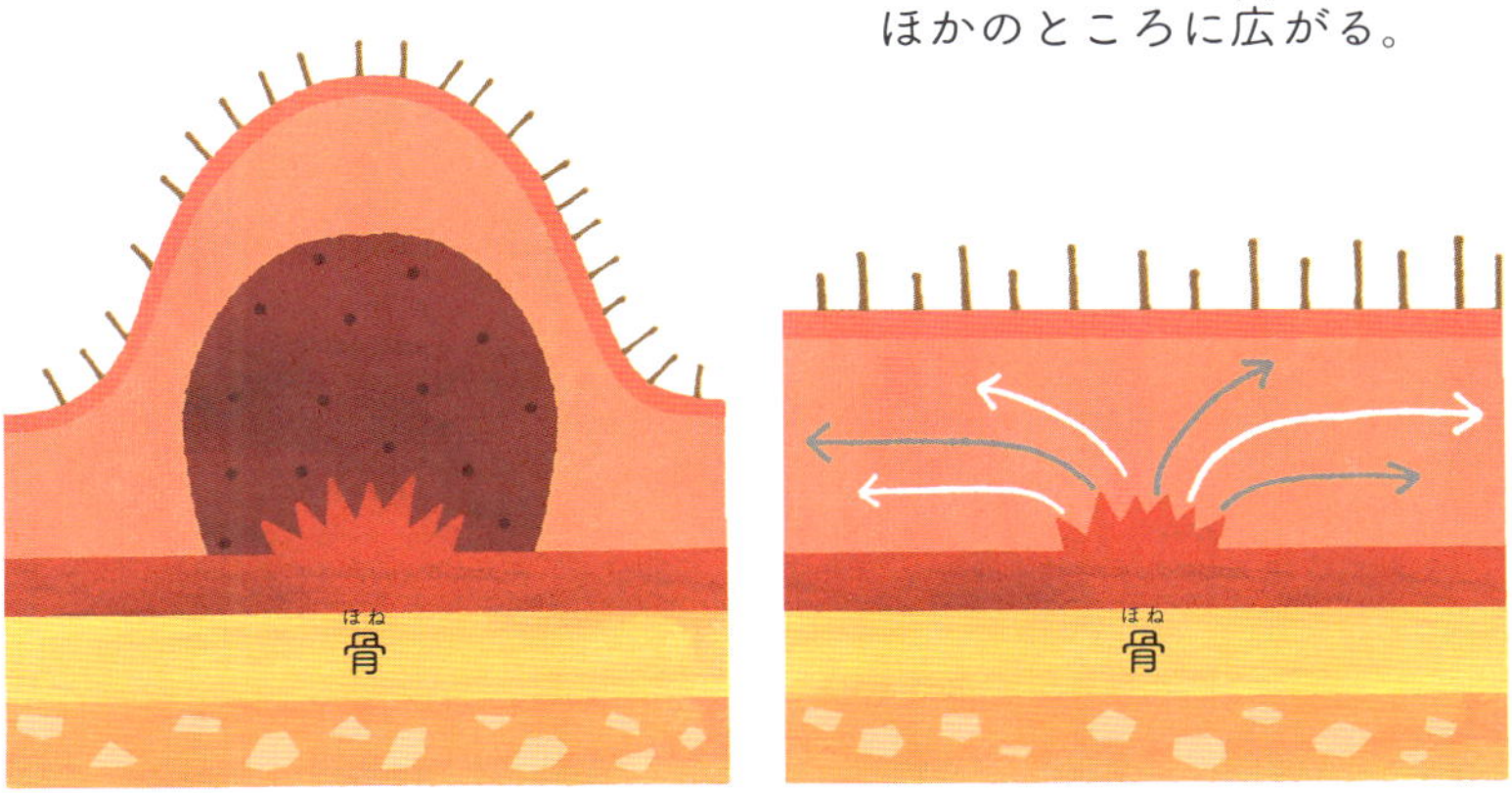

頭《あたま》

うで

皮《ひ》ふの下《した》で出《で》た血《ち》はまわりに広《ひろ》がっていこうとするよ。でもすぐ下《した》に骨《ほね》があると、血《ち》が広《ひろ》がらないで固《かた》まってこぶになるんだ。

おしりなどのやわらかいところが内出血《ないしゅっけつ》をしても、血《ち》はまわりに広《ひろ》がるためにあまりはれません。頭《あたま》以外《いがい》にも、ひじやひざなど皮《ひ》ふのすぐ下《した》に骨《ほね》があるところを、強《つよ》くぶつけるとこぶができやすくなります。

あざができるのも内出血《ないしゅっけつ》をしているためです。皮《ひ》ふの下《した》に血《ち》が多《おお》くたまっているために、皮《ひ》ふの上《うえ》から血《ち》がすけて見《み》えているのです。

（答《こた》え③）

瀧靖之先生の

賢い子を育てるコツ

たんこぶができたら、どうする？

「たんこぶには、さとう水《みず》が効《き》く！」「うめぼしをぬると、はやくなおる！」……という話《はなし》を聞《き》きますが、たしかなしょうこはありません。たんこぶができたら、氷《こおり》や保冷剤《ほれいざい》をタオルで包《つつ》んで当《あ》てるなど冷《ひ》やすといいですよ。

からだ

5

どうしておなかはグーって鳴《な》るの？

1 おなかの中《なか》の虫《むし》が鳴《な》いているから

2 からっぽのおなかの空気《くうき》が動《うご》かされるから

3 おなかがすいたことをしらせるため

おなかがすくと、「グー」「ギュルルルー」という変《へん》な音《おと》が鳴《な》るときがありますよね。「おなかの虫《むし》が鳴《な》く」ということもありますが、おなかの中《なか》に虫《むし》がいるわけではありません。

ごはんを食《た》べると、口《くち》からのみこんだ食《た》べ物《もの》はのどをとおって、「胃《い》」というところにいきます。胃《い》はふくろのようなもので、からっぽのときとくらべると30倍《ばい》にまでふくらみます。胃《い》は入《はい》ってきた食《た》べ物《もの》をこまかくしてドロドロにします。

胃《い》にもきん肉《にく》があります。このきん肉《にく》をつかって胃《い》はのびちぢみをくり返《かえ》して、食《た》べ物《もの》を胃《い》の下《した》にある「腸《ちょう》」におくります。こうして胃《い》の中《なか》の食《た》べ物《もの》はだいたい3時間《じかん》から4時間《じかん》くらいですべて腸《ちょう》におくり出《だ》されます。胃《い》がからっぽになると、胃《い》の中《なか》にあった空気《くうき》が胃《い》ののびちぢみによって押《お》し出《だ》されます。このときおなかで音《おと》が鳴《な》るのです。おなかが鳴《な》

胃《い》の中《なか》がからっぽになると空気《くうき》がぬけて音《おと》が出《で》る！

**胃《い》は食《た》べ物《もの》をドロドロにして
腸《ちょう》へ運《はこ》ぶ役《やく》わりがあるんだ。**

胃《い》はのびちぢみして食《た》べ物《もの》を腸《ちょう》へとおし出《だ》すんだ。食《た》べ物《もの》がなくなると、中《なか》にあった空気《くうき》がおし出《だ》されて変《へん》な音《おと》が鳴《な》るんだ。

るのには、おなかがすいているかどうかは関係《かんけい》ありません。栄養《えいよう》がじゅうぶんでも胃《い》がからっぽになるとおなかは鳴《な》るのです。

ごはんを食《た》べたあとにおなかが鳴《な》ることもあります。胃《い》が食《た》べ物《もの》をドロドロにするときにはガスが出《で》てきます。このガスが腸《ちょう》をとおるときに音《おと》が鳴《な》るからです。食《た》べ物《もの》といっしょに飲《の》みこんだ空気《くうき》とガスがおしりから出《で》るとおならになります。（答《こた》え②）

瀧靖之先生の

賢い子を育てるコツ

ゴム風船《ふうせん》で実験《じっけん》してみよう

おなかが「グー」と鳴《な》るしくみを、ゴム風船《ふうせん》で実験《じっけん》してみましょう。ふくらませた風船《ふうせん》を空《そら》にはなつと、中《なか》の空気《くうき》がなくなって落《お》ちるときにふるえて音《おと》が鳴《な》ります。おなかが鳴《な》るのは、これと同《おな》じしくみが体《からだ》の中《なか》でおきているのです。

からだ

6

どうしてしゃっくりは出《で》るの？

1 息《いき》をするためのきん肉《にく》がけいれんするから

2 おなかがからっぽになったから

3 おなかのきん肉《にく》がつかれているから

私《わたし》たちはふだん、息《いき》をすったりはいたりしています。すった息《いき》は左《さ》右《ゆう》の胸《むね》にある「肺《はい》」におくりこまれます。この肺《はい》の下《した》には「横《おう》かくまく」というきん肉《にく》があります。息《いき》をすうと横《おう》かくまくが下《さ》がり、肺《はい》をふくらませます。息《いき》をはくと横《おう》かくまくが上《あ》がり、肺《はい》をちぢませます。とくに意識《いしき》をしていなくても、息《いき》をすったりはいたりしているのは、この横《おう》かくまくがきまったリズムで動《うご》いているからです。

この横《おう》かくまくが、なにかのきっかけでけいれんするとしゃっくりになります。横《おう》かくまくがけいれんをして引《ひ》きつったときに、「ひっく」と息《いき》をすいこんでしまうのです。

横《おう》かくまくがけいれんするきっかけがなにかは、よくわかっていません。でも息《いき》をすったりはいたりするリズムがみだれると、しゃっくりがおきるようです。しゃっくりは赤《あか》ちゃんや小《ちい》さい子《こ》どもがなりやすいで

しゃっくりは横《おう》かくまくのけいれんが原因《げんいん》！

なにかのきっかけで横《おう》かくまくが
けいれんするとしゃっくりが出《で》るよ。

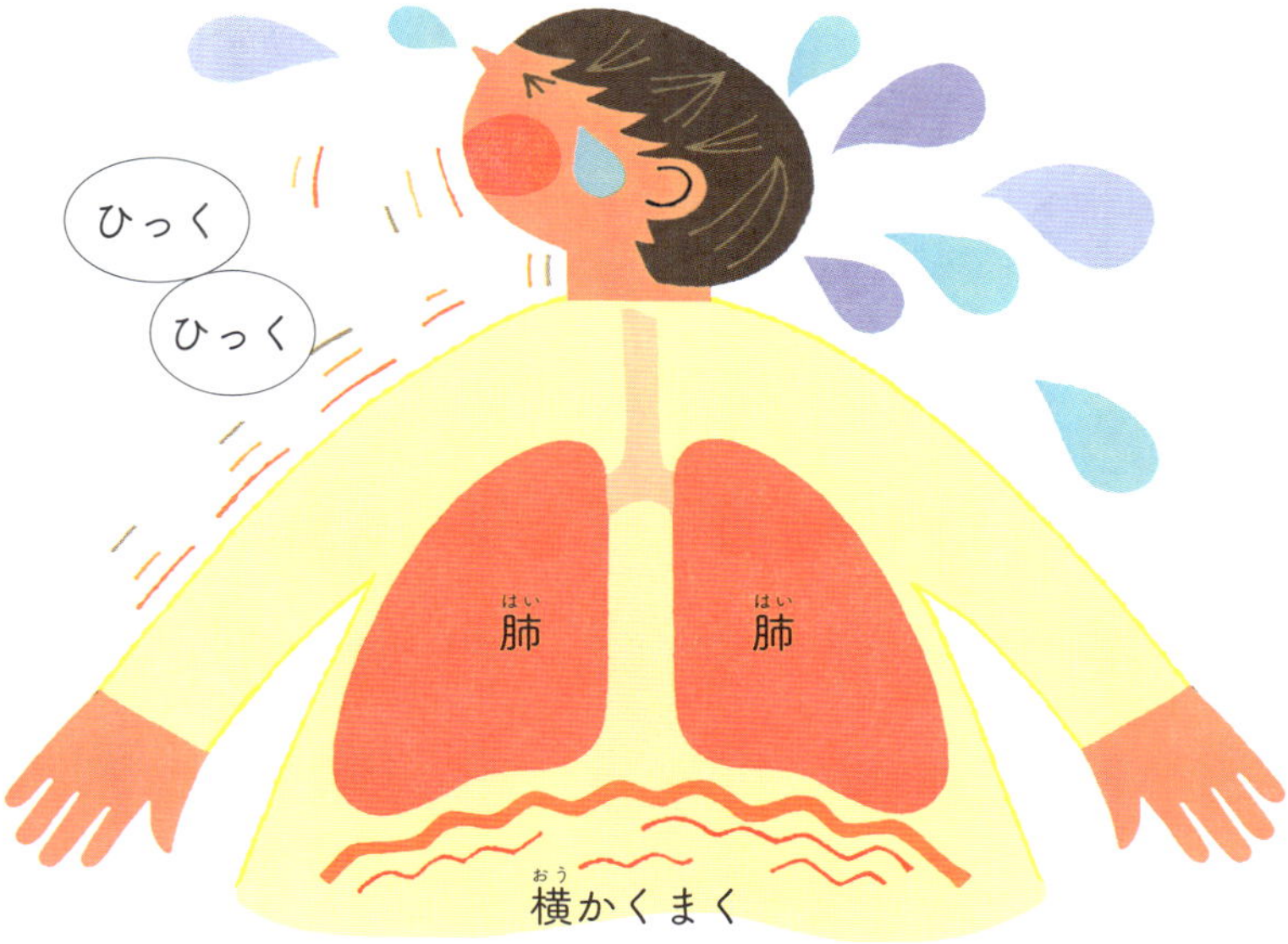

横《おう》かくまくのおかげできまったリズムで息《いき》をしているよ。でも横《おう》かくまくが引《ひ》きつると「ひっく」と息《いき》をすいこんでしまうんだ。

すが、大人《おとな》でもお酒《さけ》を飲《の》みすぎたり、寝不足《ねぶそく》だったりすると、ふだんとちがって息《いき》がみだれてしゃっくりをしやすくなります。

泣《な》いているときにしゃっくりが出《で》ることがあります。これも泣《な》くとふだんのようなリズムで息《いき》をすったりはいたりできなくなるからといわれています。しゃっくりを１００回《かい》すると死《し》ぬともいわれますが、死《し》ぬことはないので安心《あんしん》してください。（答《こた》え①）

瀧靖之先生の

賢い子を育てるコツ

しゃっくり、どうやって止《と》める？

「わっ！」とおどろかせてしゃっくりを止《と》めようとする人《ひと》が多《おお》いですが、じつはこの方法《ほうほう》では止《と》まりません。実際《じっさい》に効《き》くのは、「舌《した》を引《ひ》っぱる」、「両耳《りょうみみ》に人《ひと》さし指《ゆび》を入《い》れる」といった方法《ほうほう》です。今度《こんど》、試《ため》してみましょう。

からだ

7

どうしておへそがあるの？

1 かみなり様《さま》がへそをつけたから

2 生《う》まれる前《まえ》にお母《かあ》さんとつながっていたあと

3 へそからも息《いき》をすっているから

口《くち》は息《いき》をすったり、食《た》べ物《もの》を食《た》べたりします。耳《みみ》は音《おと》を聞《き》くことができます。でもおへそはなにかができるわけではありませんよね。じつはおへそには、あなたがお母《かあ》さんのおなかの中《なか》にいたころにはとても大切《たいせつ》な役《やく》わりがありました。

　生《う》まれる前《まえ》の赤《あか》ちゃんは、よう水《すい》という液体《えきたい》でみたされたお母《かあ》さんのおなかの中《なか》にいます。そのため、口《くち》や鼻《はな》で息《いき》はできませんし、口《くち》から食《た》べ物《もの》を食《た》べることもできません。もちろんおしっこやうんちもできません。

　今《いま》はついていないですが、赤《あか》ちゃんがおなかの中《なか》にいるときは、お母《かあ》さんと赤《あか》ちゃんは「へその緒《お》」というくだでつながれていました。このへその緒《お》をとおして息《いき》をしたり、栄養《えいよう》をもらったり、おしっこやうんちのような「はいせつぶつ」をすてたりしています。

おへそはお母《かあ》さんのおなかの中《なか》にいたしるし！

へその緒《お》は生《う》まれると切《き》られるよ。
へそは切《き》られたへその緒《お》のあとなんだ。

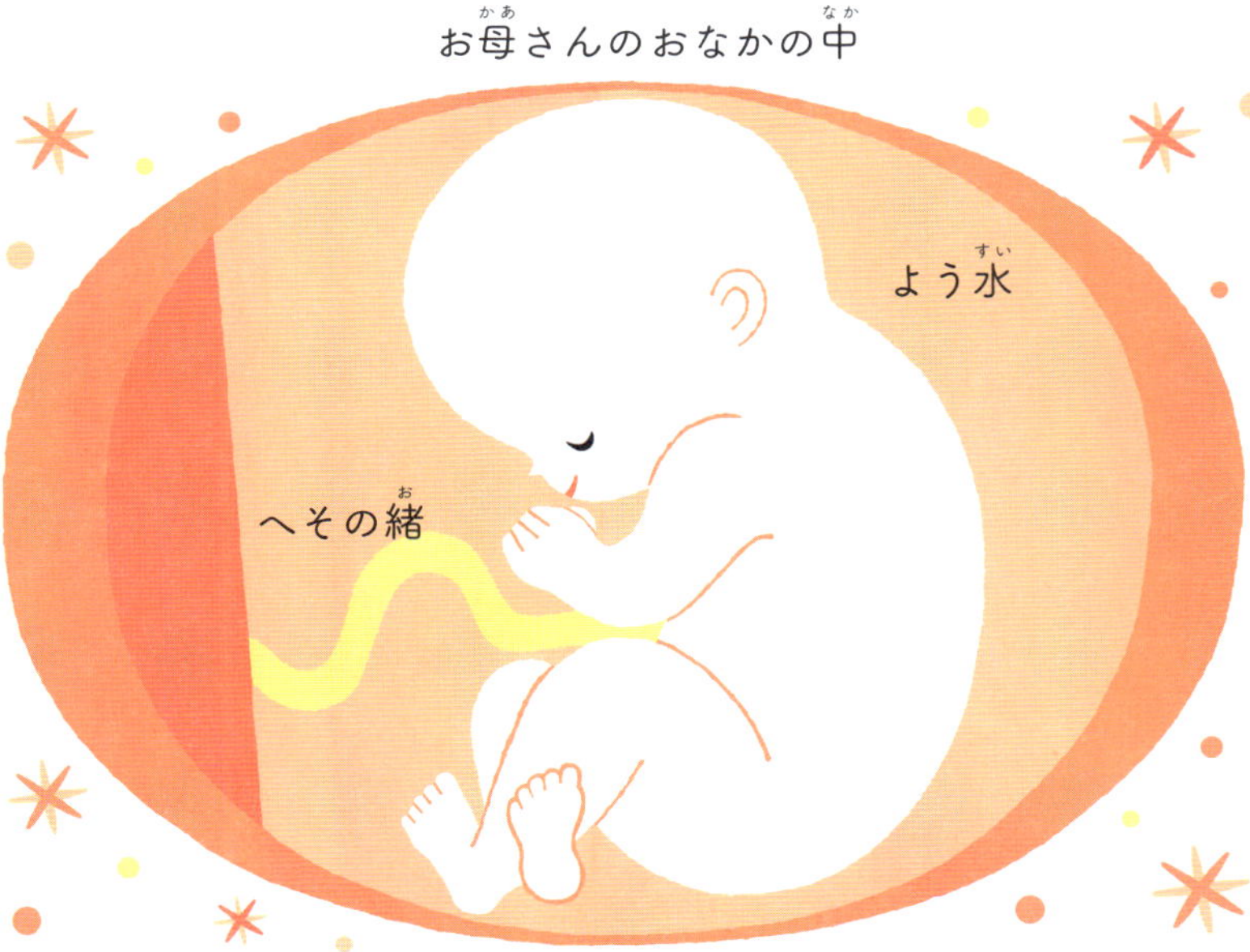

おなかの中《なか》の赤《あか》ちゃんは息《いき》をしたり、食《た》べ物《もの》を食《た》べたり、うんちをしたりできないから、へその緒《お》でかわりにしているんだ。

生《う》まれた赤《あか》ちゃんは、おっぱいをのんだり、うんちができるようになります。そのため、いらなくなったへその緒《お》は切《き》られます。このへその緒《お》が切《き》られたあとがへそです。へそはあなたがお母《かあ》さんのおなかの中《なか》にいたしるしなのです。

人間《にんげん》以外《いがい》にもイヌやネコなどの動物《どうぶつ》もおなかの中《なか》から生《う》まれるので、へそがあります。ニワトリや魚《さかな》などは卵《たまご》から生《う》まれるのでへそはありません。（答《こた》え②）

瀧靖之先生の

賢い子を育てるコツ

動物《どうぶつ》のおへそを見《み》てみよう

ネコやイヌのへそも人間《にんげん》と同《おな》じように、おなかのまん中《なか》あたりにあります。でも、人間《にんげん》のへそとちがって、あまりでこぼこしていません。おなかをさわられるのをいやがるネコやイヌもいるので、気《き》をつけて確認《かくにん》しましょう。

からだ

8

どうして歯《は》がぬけるの？

1 成長《せいちょう》に合《あ》わせて大《おお》きな歯《は》が必要《ひつよう》だから

2 虫歯《むしば》になりそうな歯《は》をすてるため

3 歯《は》みがきをしなくてもいいようにするため

6才《さい》くらいになると歯《は》がぬけて、また新《あたら》しい歯《は》が生《は》えてくるようになります。これはあなたの体《からだ》が成長《せいちょう》しているからです。生《う》まれたころにくらべてあなたの体《からだ》もずいぶん大《おお》きくなりましたよね。そしてこれから大人《おとな》になるまで、もっと大《おお》きくなるはずです。体《からだ》は大《おお》きく成長《せいちょう》していきますが、歯《は》は一度《いちど》生《は》えるとほとんど大《おお》きくなりません。

歯《は》はあごの骨《ほね》にぴったり合《あ》うようにならんでついています。体《からだ》の成《せい》長《ちょう》とともにあごも大《おお》きくなると、それまでの歯《は》では合《あ》わなくなってきます。そこでそれまでの小《ちい》さい歯《は》がぬけて、大《おお》きくなったあごに合《あ》うようにもっと大《おお》きい歯《は》に生《は》え変《か》わるのです。じょうぶな歯《は》はじょうぶなあごに生《は》えるので、固《かた》いものも食《た》べてあごをきたえるようにしましょう。

最初《さいしょ》に生《は》えた歯《は》は20本《ぽん》ですが、新《あたら》しく生《は》えてくる大人《おとな》の歯《は》は32本《ほん》あります。ただし、「親知《おやし》らず」と呼《よ》ばれる4本《ほん》の奥歯《おくば》が生《は》えない人《ひと》もいる

大人《おとな》の歯《は》は32本《ほん》、子《こ》どもの歯《は》は20本《ぽん》！

歯《は》はあごの大《おお》きさに合《あ》わせて生《は》えるよ。
大《おお》きくなったあごに合《あ》わせて歯《は》は生《は》え変《か》わるんだ。

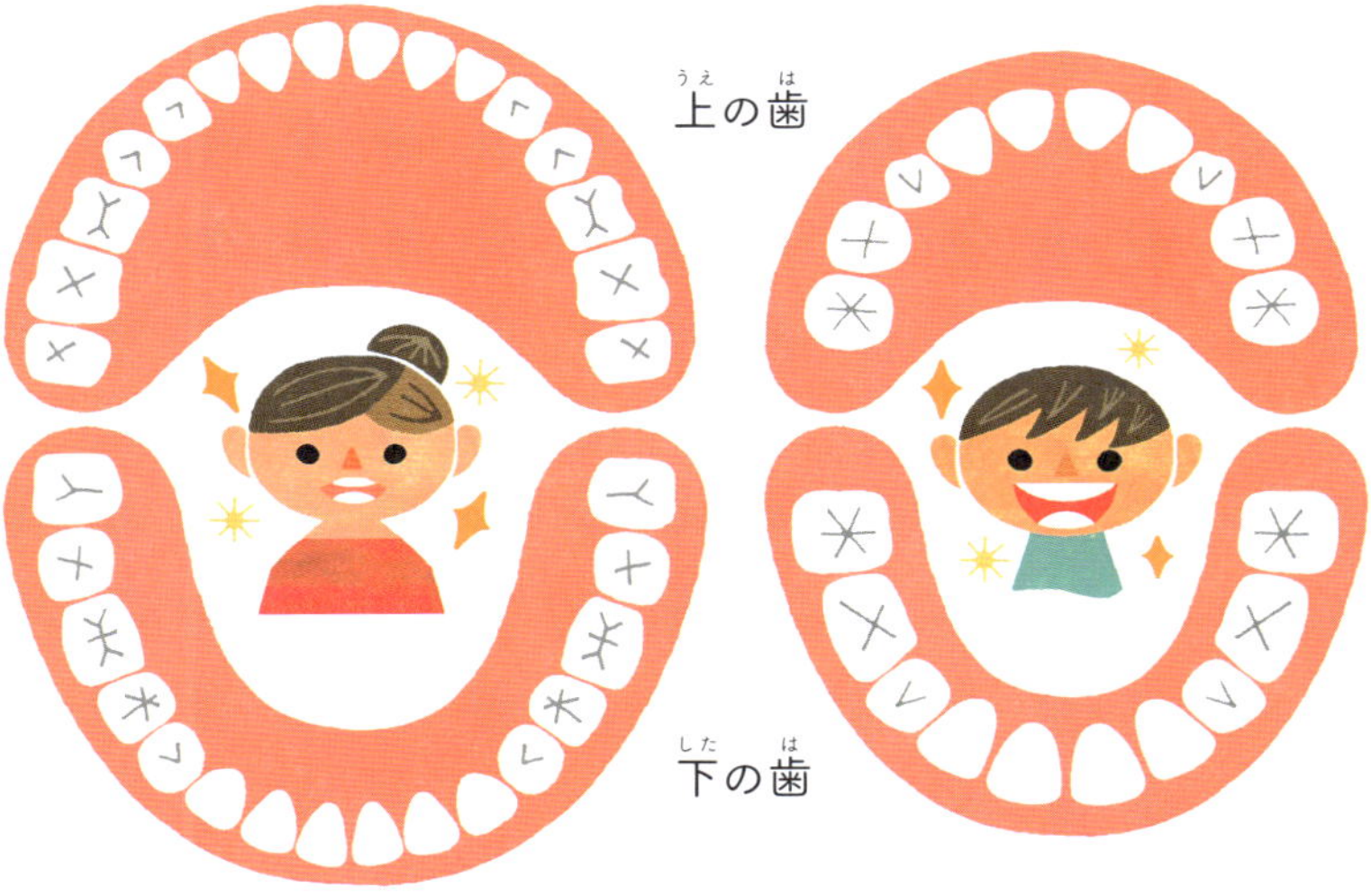

大人《おとな》の歯《は》　子《こ》どもの歯《は》

手《て》や足《あし》は成長《せいちょう》とともにのびるけど、歯《は》はそれほど大《おお》きくなることができないよ。だから歯《は》はあごが大《おお》きくなると生《は》え変《か》わるんだ。

ので、28本《ぼん》のこともあります。

大人《おとな》の歯《は》が生《は》え変《か》わるころになると、あごの骨《ほね》の成長《せいちょう》も終《お》わります。そのため、大人《おとな》の歯《は》が生《は》えたあとは歯《は》は生《は》え変《か》わりません。でも、大人《おとな》の歯《は》は歯《は》みがきをきちんとすれば、一生《いっしょう》つかえます。歯《は》が生《は》え変《か》わるころは虫歯《むしば》になりやすい時期《じき》でもあります。グラグラする歯《は》があるときには、いやかもしれませんがていねいに歯《は》みがきをするようにしましょう。（答《こた》え①）

瀧靖之先生の

賢い子を育てるコツ

いちばん歯《は》が多《おお》い生《い》き物《もの》は？

それは、カタツムリです。けんびきょうで見《み》ると、カタツムリには小《ちい》さい歯《は》が2万本《まんぼん》ほどあり、やすりのようになっています。大根《だいこん》おろしにつかう、おろし金《がね》にも似《に》ています。ほかにも変《か》わった歯《は》をもつ生《い》き物《もの》を探《さが》してみましょう。

からだ

9

どうしてねるとゆめを見《み》るの？

1 心《こころ》だけ別《べつ》の世界《せかい》に行《い》くから

2 ねているときも脳《のう》はおきているから

3 テレビの電波《でんぱ》を脳《のう》が受《う》け止《と》めるから

ているときは目《め》をつぶっていますし、考《かんが》えることはできませんよね。でもゆめの中《なか》ではまるでおきているときと同《おな》じように、動《うご》きまわったり、お話《はなし》をしたりします。どうしてねているときにゆめを見《み》るのかは、はっきりとはわかっていません。ただし、ゆめを見《み》るのは脳《のう》の一部《いちぶ》がねむらずにはたらいているからと考《かんが》えられています。

あなたがねているときには、あさいねむりと深《ふか》いねむりを交互《こうご》にくり返《かえ》しています。あさいねむりのときには、体《からだ》は休《やす》んでいますが脳《のう》の一部《いちぶ》はたくさんはたらいています。このときまぶたの下《した》の目《め》もひんぱんに動《うご》いています。これを「レムすいみん」といいます。ゆめはこのレムすいみんのときに見《み》ます。深《ふか》いねむりのときには、まぶたの下《した》の目《め》も動《うご》きませんし、脳《のう》の大部分《だいぶぶん》もねむっているためにゆめは見《み》ません。この深《ふか》いねむりを「ノンレムすいみん」といいます。

ゆめを見《み》るのは脳《のう》のしわざ！

体《からだ》がねている間《あいだ》にも脳《のう》はおきているよ。
ゆめは脳《のう》がつくり出《だ》しているんだ。

ゆめはあさいねむりのときに脳《のう》がおきているから見《み》るんだ。目《め》がさめると本物《ほんもの》の景色《けしき》のじょうほうが脳《のう》に入《はい》って、ゆめをわすれるよ。

人《ひと》はねている間《あいだ》にレムすいみんとノンレムすいみんをなんどもくり返《かえ》すので、なんどもゆめを見《み》ています。おきているときに見《み》たことや気《き》になっていることなどがゆめになるといわれています。

ゆめを見《み》ない日《ひ》もあるかもしれませんが、これはおきたときに本物《ほんもの》の景色《けしき》を見《み》るとほとんどわすれてしまうからです。イヌやウマなどの動物《どうぶつ》もゆめを見《み》るといわれています。

（答《こた》え②）

瀧靖之先生の

賢い子を育てるコツ

ぐっすりねる子《こ》は賢《かしこ》くなる！

記憶《きおく》など脳《のう》の大切《たいせつ》な役《やく》わりをする「海馬《かいば》」は、すいみんの量《りょう》にえいきょうを受《う》けます。たくさんねている子《こ》は、寝不足《ねぶそく》の子《こ》より海馬《かいば》が大《おお》きく記憶力《きおくりょく》もすぐれています。3〜5才《さい》は10〜13時間《じかん》を目安《めやす》にすいみんをとってください。

からだ

10

どうして冷《つめ》たいものを食《た》べると頭《あたま》がいたくなるの？

1 冷《つめ》たいものを食《た》べてカゼをひいてしまったから

2 冷《つめ》たいものを食《た》べないようにする脳《のう》からのサイン

3 「冷《つめ》たい」を「いたい」と神経《しんけい》がかんちがいするため

かき氷《ごおり》やアイスクリームなどの冷《つめ》たいものをたくさん食《た》べると、頭《あたま》が「キーン」といたくなることがありますよね。このいたみには名前《なまえ》がついていて「アイスクリーム頭《ず》つう」といいます。おもしろい名《な》前《まえ》ですよね。アイスクリーム頭《ず》つうの原因《げんいん》ははっきりとはわかっていませんが、ふたつの理由《りゆう》があると考《かんが》えられています。

　ひとつは、冷《つめ》たいものがのどをとおるときに、首《くび》のうしろにある神経《しんけい》が「冷《つめ》たい」を「いたい」とかんちがいして脳《のう》に信号《しんごう》をおくってしまうためです。そのため、本当《ほんとう》は冷《つめ》たいと感《かん》じるはずが、頭《あたま》がいたいと感《かん》じてしまうのです。

　もうひとつは、冷《つめ》たいものを食《た》べることで、口《くち》やのどが冷《ひ》えてしまうために、あたたかい血《ち》を増《ふ》やそうとして、頭《あたま》につながる血《けっ》かんが急《きゅう》にふくらんでしまうから、というものです。

「キーン」となるのは神経《しんけい》のかんちがい？

**首《くび》のうしろの神経《しんけい》が「冷《つめ》たい」を「いたい」と
かんちがいして脳《のう》がいたみを感《かん》じるんだ！**

首《くび》のうしろにある神経《しんけい》は、顔《かお》にものが当《あ》たったときの感触《かんしょく》や、いたい、冷《つめ》たい、あついといったことを感《かん》じるところだよ。

「キーン」という頭《あたま》のいたみは、このふたつの原因《げんいん》のどちらか、あるいは両方《りょうほう》が原因《げんいん》でおきるといわれています。冷《つめ》たいものを急《いそ》いで食《た》べると、頭《ず》つうがおきてしまうだけではなく、おなかの中《なか》にある胃《い》や腸《ちょう》にふたんをかけてしまって、おなかをこわしてしまうこともあります。アイスクリームやかき氷《ごおり》などの冷《つめ》たいものは、あわてずにゆっくりと食《た》べるようにしましょう。（答《こた》え③）

瀧靖之先生の

賢い子を育てるコツ

アイスクリーム頭《ず》つうを防《ふせ》ぐには？

あわてずに、ゆっくりと、冷《つめ》たいものを少《すこ》しずつ食《た》べたり飲《の》んだりしましょう。でも、キーンといたくなってしまったらどうすればいいのかというと、舌《した》を口《くち》の中《なか》の上《うえ》の部分《ぶぶん》に押《お》し当《あ》てると、はやめにいたみがおさまりますよ。

いきもの

11

どうしてアリは一本道《いっぽんみち》を歩《ある》くの？

1 においのしるしをたどっているから

2 リーダーのアリがならばせているから

3 ほかのアリの前《まえ》に行《い》くのがこわいから

アリが何《なん》びきも長《なが》い行列《ぎょうれつ》をつくっているのを見《み》たことはありますか？　この行列《ぎょうれつ》は、アリのエサとなる大《おお》きなえものと、巣穴《すあな》につながっています。アリは小《ちい》さな昆虫《こんちゅう》です。そのため、大《おお》きなえものを運《はこ》ぶためには、たくさんの仲間《なかま》と協力《きょうりょく》して運《はこ》ばなくてはいけません。

大《おお》きなえものを見《み》つけたアリは、おなかからにおいのある液《えき》を出《だ》して、てんてんと落《お》としながら巣《す》に戻《もど》ります。そして仲間《なかま》に大《おお》きなえものを見《み》つけたことを知《し》らせます。仲間《なかま》たちはにおいをたどって、大《おお》きなえもののところにいくので行列《ぎょうれつ》ができるのです。この行列《ぎょうれつ》の途中《とちゅう》に石《いし》などを置《お》いてみると、アリの行列《ぎょうれつ》はくずれますが、すぐに新《あたら》しい道《みち》を見《み》つけてつながります。これもえものを見《み》つけたときと同《おな》じようににおいでまわり道《みち》を仲間《なかま》に教《おし》えているからです。

えものがなくなると、巣《す》との行《い》き来《き》がなくなり、においのする液《えき》はや

アリは仲間《なかま》が出《だ》したにおいをたどっている！

エサを見《み》つけたアリはエサの場所《ばしょ》までの
道《みち》ににおいをつけて案内《あんない》をしているんだ！

アリは目《め》が悪《わる》いから目《め》で探《さが》してエサの場所《ばしょ》まで行《い》くことはむずかしいよ。エサの場所《ばしょ》まで仲間《なかま》のにおいをたどっていくんだ。

がてかわいてなくなります。そのため、えものまでの古《ふる》いにおいの道《みち》が残《のこ》って迷《まよ》ってしまうことはありません。

アリは、暗《くら》い巣穴《すあな》の中《なか》で暮《く》らすために目《め》がよくありません。そのかわりににおいを感《かん》じる力《ちから》が強《つよ》くなっています。敵《てき》が来《き》たときにもにおいを出《だ》して仲間《なかま》に知《し》らせます。暗《くら》い巣穴《すあな》で暮《く》らすアリにとってにおいは言葉《ことば》の役《やく》わりをしているのです。

（答《こた》え①）

瀧靖之先生の

賢い子を育てるコツ

甘《あま》い物《もの》以外《いがい》を食《た》べるアリもいる

肉《にく》や虫《むし》、雑草《ざっそう》の種《たね》などを食《た》べるアリもいます。アリはハチの仲間《なかま》から進化《しんか》してきたと考《かんが》えられています。スズメバチの成虫《せいちゅう》はみつをなめますが、幼虫《ようちゅう》は虫《むし》だけを食《た》べます。この性質《せいしつ》が一部《いちぶ》のアリにも受《う》けつがれているようです。

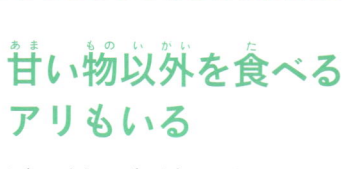

いきもの

12

どうしてクジラは大《おお》きいの？

1 大《おお》きな魚《さかな》をたくさん食《た》べるため

2 冷《つめ》たい海《うみ》でも体《からだ》をあたたかくするため

3 たくさん息《いき》をためるため

クジラは、海《うみ》の中《なか》に住《す》み、魚《さかな》のようなすがたをしていますが、人間《にんげん》やイヌと同《おな》じように赤《あか》ちゃんを生《う》むほ乳類《にゅうるい》です。ほ乳類《にゅうるい》の中《なか》でもっとも大《おお》きいのが、シロナガスクジラです。大人《おとな》のシロナガスクジラの体長《たいちょう》は25メートルくらいになります。1台《だい》の車《くるま》の長《なが》さがだいたい5メートルくらいですから、車《くるま》を5台《だい》ならべたほどの大《おお》きさです。これまでに34メートルのシロナガスクジラも発見《はっけん》されています。

クジラの祖先《そせん》はもともと地上《ちじょう》で暮《く》らしていましたが、海《うみ》で生活《せいかつ》するようになった動物《どうぶつ》です。やがて、氷河期《ひょうがき》という地球全体《ちきゅうぜんたい》がさむくなる時代《じだい》がおとずれました。すると、クジラのエサであるプランクトンという小《ちい》さな生《い》き物《もの》は、あたたかい海面《かいめん》まで上《あ》がってくるようになりました。クジラは水《みず》の中《なか》では息《いき》ができないため、それほど深《ふか》くはもぐれませんが、エサをたくさん食《た》べられるようになり、体《からだ》が大《おお》きくなったと考《かんが》えられています。

体《からだ》が大《おお》きいと食《た》べ物《もの》がたくさん必要《ひつよう》！

体《からだ》が大《おお》きいと体温《たいおん》が下《さ》がりにくいし、
栄養《えいよう》をたくさんたくわえておけるんだ。

クジラのエサは、プランクトンやオキアミなどの小《ちい》さな生《い》き物《もの》だよ。大人《おとな》のクジラは1日《にち》に数百《すうひゃく》キロのエサを食《た》べるんだ。

体《からだ》が大《おお》きいといいこともあります。クジラはふだんは冷《つめ》たい海《うみ》で生活《せいかつ》しているので、体《からだ》が大《おお》きいほうが体《からだ》をあたたかくたもてます。

またクジラの赤《あか》ちゃんはまだ体《からだ》が小《ちい》さいので、冷《つめ》たい海《うみ》では体《からだ》が冷《ひ》えてしまいます。そこで、赤《あか》ちゃんをあたたかい海《うみ》で成長《せいちょう》させるためにクジラは長《なが》い距離《きょり》を移動《いどう》します。大《おお》きな体《からだ》は長《なが》い距離《きょり》を移動《いどう》するための栄養《えいよう》をたくさんたくわえられるのです。

（答《こた》え②）

瀧靖之先生の

賢い子を育てるコツ

クジラの祖先《そせん》は陸《りく》に住《す》んでいた！

パキスタンで発掘《はっくつ》された「パキケトゥス」という動物《どうぶつ》がクジラの祖先《そせん》ではないかといわれています。音《おと》を感《かん》じる構造《こうぞう》がクジラと似《に》ていて、おとなしく、強《つよ》い肉食動物《にくしょくどうぶつ》から逃《に》げて水中《すいちゅう》に住《す》むようになったと考《かんが》えられています。

いきもの

13

どうしてイヌは人《ひと》になつくの？

1

人《にん》間《げん》とイヌの祖《そ》先《せん》が同《おな》じだから

2

人《にん》間《げん》のつくる食《た》べ物《もの》が好《す》きだから

3

原《げん》始《し》時《じ》代《だい》から人《にん》間《げん》と暮《く》らしてきたから

世《せ》界《かい》には４００種類《しゅるい》以上《いじょう》のイヌがいます。でもダックスフンドもチワワも、すべてのイヌの祖先《そせん》はオオカミでした。ちょっとおどろきですよね。今《いま》では、人間《にんげん》はウシやヒツジやニワトリなど多《おお》くの動物《どうぶつ》を飼《か》っていますが、イヌは人間《にんげん》がさいしょに飼《か》った動物《どうぶつ》です。だいたい２万年前《まんねんまえ》には、人《ひと》とイヌはいっしょに暮《く》らすようになったと考《かんが》えられています。人間《にんげん》は道具《どうぐ》をつかっていろいろな動物《どうぶつ》をとることができます。イヌは人間《にんげん》よりも鼻《はな》がとてもいいので、においから動物《どうぶつ》がいるところを見《み》つけたり、人間《にんげん》よりもはやいスピードでえものを追《お》いかけることができます。こうして人間《にんげん》とイヌは協力《きょうりょく》して生《い》きていくようになりました。

イヌはもともとグループでえものをつかまえるオオカミが祖先《そせん》の動物《どうぶつ》なので、強《つよ》いリーダーにしたがう性質《せいしつ》があります。そのため、しつけをすることによって人《ひと》になつくようになりました。

イヌは人間《にんげん》に飼《か》われたさいしょの動物《どうぶつ》！

人間《にんげん》とイヌは2万年前《まんねんまえ》からいっしょに暮《く》らしているよ。
イヌはもっとも古《ふる》い人間《にんげん》のパートナーなんだ。

イヌの鼻《はな》は人間《にんげん》の100万倍《まんばい》から1億倍《おくばい》もいいといわれているよ。においで犯人《はんにん》を見《み》つけるけいさつ犬《けん》などが活《かつ》やくしているんだ。

やがてイヌはペットとしても飼《か》われるようになりました。そして、長《なが》い時間《じかん》をかけてたくさんの種類《しゅるい》のイヌが生《う》まれました。狩《か》りのためにいっしょに暮《く》らすようになったイヌですが、今《いま》では、目《め》が見《み》えない人《ひと》を助《たす》けるもうどう犬《けん》や、けいさつかんと犯人《はんにん》をさがすけいさつ犬《けん》、地《じ》しんなどでがれきにとじこめられた人《ひと》を見《み》つける災害救《さいがいきゅう》助犬《じょけん》など、たくさんのところでイヌが活《かつ》やくしています。（答《こた》え③）

瀧靖之先生の

賢い子を育てるコツ

ペットを飼《か》うと さまざまな効果《こうか》が！

ペットとふれ合《あ》うと、心《こころ》が落《お》ちつきます。それは、脳《のう》にオキシトシンという物質《ぶっしつ》が分泌《ぶんぴつ》されるからです。この物質《ぶっしつ》は、自律神経《じりつしんけい》をととのえて気分《きぶん》を安定《あんてい》させます。また、ペットのお世話《せわ》をとおして愛情《あいじょう》や責《せき》任感《にんかん》を学《まな》ぶこともできます。

いきもの

14

どうして鳥《とり》は空《そら》を飛《と》べるの？

1 体《からだ》が風船《ふうせん》みたいになっているから

2 ほかの動物《どうぶつ》よりも小《ちい》さいから

3 翼《つばさ》にくらべて体《からだ》がとても軽《かる》いから

翼《つばさ》のようなものを両手《りょうて》にもってバタバタしても、人間《にんげん》は自分《じぶん》の力《ちから》で空《そら》を飛《と》ぶことはできません。人間《にんげん》ほどの重《おも》さが空《そら》を飛《と》ぶためには、飛行機《ひこうき》のようにエンジンの力《ちから》をつかうか、ハンググライダーのような人間《にんげん》の体《からだ》の何倍《なんばい》もの大《おお》きな翼《つばさ》が必要《ひつよう》になります。

鳥《とり》は翼《つばさ》の大《おお》きさにくらべてとても小《ちい》さな体《からだ》をしています。鳥《とり》の体《からだ》には毛《け》が生《は》えていますが、この毛《け》をとるととてもほそい体《からだ》をしているのです。さらに体《からだ》を軽《かる》くするために鳥《とり》の骨《ほね》の中《なか》はくうどうになっています。フライドチキンを食《た》べたときに、骨《ほね》を割《わ》ってみてください。骨《ほね》の中《なか》がスカスカになっていることがわかるはずです。また鳥《とり》は食《た》べるとすぐにうんちをして、体《からだ》をなるべく軽《かる》くしておきます。鳥《とり》には空《そら》を飛《と》ぶために、体《からだ》を軽《かる》くする工夫《くふう》がたくさんそなわっているのです。

鳥《とり》が飛《と》んでいるとき、翼《つばさ》は前《まえ》のほうがあつく、うしろのほうがうすい

鳥《とり》の体《からだ》はガリガリ、骨《ほね》はスカスカ！

スズメの重《おも》さはだいたい単三電池《たんさんでんち》１個分《こぶん》しかないよ。
鳥《とり》は空《そら》を飛《と》ぶために体《からだ》を軽《かる》くしているんだ。

鳥《とり》の体《からだ》は軽《かる》くするためにほっそりしているけど、翼《つばさ》をはばたかせるための胸《むね》のきん肉《にく》はとても発《はっ》たつしているんだ。

形《かたち》をしています。これは空《そら》を飛《と》ぶために必要《ひつよう》な形《かたち》で飛行機《ひこうき》の翼《つばさ》も同《おな》じような形《かたち》になっています。

鳥《とり》の体《からだ》で発《はっ》たつしているところがあります。翼《つばさ》を動《うご》かす胸《むね》のきん肉《にく》です。なんと体重《たいじゅう》の6分《ぶん》の1から4分《ぶん》の1くらいが胸《むね》のきん肉《にく》です。また高《たか》い空《そら》を飛《と》ぶため目《め》もとても発《はっ》たつしています。たとえばタカは人間《にんげん》の6倍《ばい》の視力《しりょく》があり、1キロ先《さき》のえものも見《み》つけることができます。

（答《こた》え③）

瀧靖之先生の

賢い子を育てるコツ

紙飛行機《かみひこうき》をつくってみよう

よく飛《と》ぶように工夫《くふう》して、紙《かみ》飛行機《ひこうき》をつくってみましょう。折《お》り紙《がみ》でも新聞紙《しんぶんし》でも、紙《かみ》ならなんでもオーケーです。翼《つばさ》の角度《かくど》や大《おお》きさを変《か》えたりして遠《とお》くまで飛《と》ばすことができたら、鳥《とり》が空《そら》を飛《と》べる秘密《ひみつ》が見《み》えてきますよ。

いきもの

15

どうしてカメレオンは体《からだ》の色《いろ》を変《か》えられるの？

1 色《いろ》のあるあせをかくから

2 食《た》べた物《もの》の色《いろ》に変《か》わるから

3 皮《ひ》ふにさまざまな色《いろ》のつぶがあるから

カメレオンは、ワニやカメ、トカゲなどと同《おな》じは虫類《ちゅうるい》の仲間《なかま》です。アフリカやインドなどにいる生《い》き物《もの》で、日本《にほん》ではペットとして飼《か》う人《ひと》もいます。カメレオンはとても長《なが》い舌《した》をつかって、エサとなる虫《むし》をつかまえます。虫《むし》がくるまでカメレオンは待《ま》ちぶせをしますが、虫《むし》に気《き》がつかれないように体《からだ》の色《いろ》を変《か》えることができます。またカメレオンをねらう敵《てき》から身《み》を守《まも》ることもできます。

人間《にんげん》は体《からだ》の色《いろ》を変《か》えることはできませんよね。カメレオンが色《いろ》を変《か》えることができるのは、カメレオンの皮《ひ》ふには人間《にんげん》の皮《ひ》ふにはないものがあるからです。カメレオンの皮《ひ》ふには白《しろ》、黒《くろ》、赤《あか》、黄色《きいろ》などの色《いろ》のつぶがあります。カメレオンの皮《ひ》ふの表面《ひょうめん》はとてもこまかくなっているため、もともとはブルーレイディスクのように青《あお》っぽいのですが、皮《ひ》ふにあるつぶの色《いろ》と合《あ》わさることで、ふだんは緑色《みどりいろ》になっています。

光《ひかり》やねつ、気《き》もちによって色《いろ》を変《か》えられる！

カメレオンの皮《ひ》ふには色《いろ》のつぶがあって
それぞれの色《いろ》のつぶの大《おお》きさが変《か》わるんだ。

カメレオンの皮《ひ》ふはもともとは青《あお》っぽく見《み》えるけど、皮《ひ》ふにある白《しろ》、黒《くろ》、赤《あか》、黄色《きいろ》などの色《いろ》のつぶと合《あ》わさってさまざまな色《いろ》に変《か》わるよ。

カメレオンの皮《ひ》ふに光《ひかり》やねつがあたると、色《いろ》のつぶの大《おお》きさが変《か》わります。この色《いろ》のくみ合《あ》わせによって、体《からだ》の色《いろ》を変《か》えています。そのため、カメレオンに目《め》かくしをしていても、皮《ひ》ふの色《いろ》は変《か》わります。カメレオンは気《き》もちによって色《いろ》を変《か》えることもあります。たとえば、おこっているときは赤《あか》くなったり、こわいときにはうすい色《いろ》になったりします。さらに死《し》ぬと灰色《はいいろ》になります。（答《こた》え③）

瀧靖之先生の

賢い子を育てるコツ

カメレオン以外《いがい》に体《からだ》の色《いろ》を変《か》える生《い》き物《もの》は？

イカ、タコ、ヒラメ、カレイも、まわりのかんきょうに合《あ》わせて色《いろ》を変《か》えます。とくにイカやタコは、色《いろ》だけでなく、体《からだ》の形《かたち》や体《からだ》の表面《ひょうめん》のでこぼこなども変化《へんか》させます。水族館《すいぞくかん》などで実際《じっさい》に自分《じぶん》の目《め》で見《み》て、学《まな》んでみましょう。

いきもの

16

どうして植物《しょくぶつ》は水《みず》だけで大《おお》きくなるの？

1 鳥《とり》や虫《むし》が栄養《えいよう》を運《はこ》んでくれるから

2 水《みず》と空《くう》気《き》と光《ひかり》で栄養《えいよう》をつくっているから

3 水《みず》をすいこむことでふくらむから

ア

サガオやヒマワリなどを育《そだ》てるとき、水《みず》をあげていると成長《せいちょう》します。でも人間《にんげん》は水《みず》だけで生《い》きていくことはできません。じつは植《しょく》物《ぶつ》も水《みず》だけで生《い》きているわけではないのです。

私《わたし》たちもいろいろな食材《しょくざい》を料理《りょうり》して食《た》べますが、植物《しょくぶつ》も自分《じぶん》で栄養《えいよう》をつくっています。そのために必要《ひつよう》なのが、水《みず》と空気《くうき》と光《ひかり》です。植物《しょくぶつ》は根《ね》っこからすい上《あ》げた水《みず》を茎《くき》をとおして葉《は》まで運《はこ》びます。そして葉《は》に当《あ》たった光《ひかり》の力《ちから》をつかって、空気《くうき》の中《なか》にある「二酸化炭素《にさんかたんそ》」と水《みず》を材料《ざいりょう》にして栄養《えいよう》をつくります。そしていらなくなった「酸素《さんそ》」を葉《は》の外《そと》に出《だ》します。これを「光合成《こうごうせい》」といいます。

人間《にんげん》や動物《どうぶつ》が息《いき》をするときは、空気《くうき》の中《なか》の酸素《さんそ》を体《からだ》にとりこんで、二《に》酸化炭素《さんかたんそ》をはきだします。植物《しょくぶつ》と反対《はんたい》ですね。私《わたし》たちや地球《ちきゅう》の生《い》き物《もの》の多《おお》くが息《いき》をできるのは植物《しょくぶつ》が光合成《こうごうせい》で酸素《さんそ》を出《だ》してくれているおかげな

光《ひかり》のエネルギーをつかって栄養《えいよう》をつくっている！

植物《しょくぶつ》の葉《は》は、光《ひかり》をつかって二酸化炭素《にさんかたんそ》と
水《みず》から栄養《えいよう》をつくる工場《こうじょう》なんだ。

植物《しょくぶつ》が光合成《こうごうせい》で栄養《えいよう》をつくると、いらなくなった酸素《さんそ》を出《だ》すよ。私《わたし》たちがすっている酸《さん》素《そ》があるのも植物《しょくぶつ》のおかげなんだ。

のです。

植物《しょくぶつ》は自分《じぶん》で栄養《えいよう》をつくる以《い》外《がい》に、土《つち》からも栄養《えいよう》をもらっています。土《つち》にはいろいろな栄養《えいよう》が入《はい》っています。この土《つち》の中《なか》にある栄養《えいよう》がとけた水《みず》をすい上《あ》げることで、植物《しょくぶつ》は土《つち》の栄養《えいよう》をもらっています。

水《みず》がないと、植物《しょくぶつ》は栄養《えいよう》をつくることができないですし、土《つち》の栄《えい》養《よう》もすい上《あ》げることができないので、かれてしまいます。（答《こた》え②）

瀧靖之先生の

賢い子を育てるコツ

種《たね》から花《はな》を育《そだ》ててみよう

種《たね》からどのように花《はな》になっていくのか、成長《せいちょう》のようすを観《かん》察《さつ》しましょう。毎日《まいにち》の水《みず》やりなどで花《はな》を育《そだ》てると、さまざまな感覚《かんかく》が刺激《しげき》され、気《き》もちも豊《ゆた》かになります。いろいろな種類《しゅるい》の花《はな》を育《そだ》て、ちがいをくらべてみましょう。

いきもの

17

どうしてトンボの目《め》は大《おお》きいの？

1 たくさんの小《ちい》さな目《め》が集《あつ》まっているから

2 ぶあついレンズになっているから

3 敵《てき》やライバルをおどかすため

トンボの目《め》は体《からだ》にたいしてとても大《おお》きいですよね。トンボの目《め》は昆《こん》虫《ちゅう》の中《なか》でもっとも大《おお》きいといわれています。トンボの目《め》をかく大《だい》して見《み》てみると、小《ちい》さな六角形《ろっかくけい》がたくさんならんでいます。この小《ちい》さな六角形《ろっかくけい》のひとつひとつが１個《こ》の目《め》なのです。トンボの目《め》はだいたい３万《まん》個《こ》の目《め》が集《あつ》まったものです。このような目《め》を「複眼《ふくがん》」といいます。

人間《にんげん》にはふたつの目《め》がありますが、見《み》える風景《ふうけい》はひとつですよね。これは脳《のう》が右目《みぎめ》と左目《ひだりめ》の映像《えいぞう》をひとつに合《あ》わせているからです。トンボは数万《すうまん》もの目《め》の映像《えいぞう》を脳《のう》がひとつにまとめて見《み》ています。

数万《すうまん》の目《め》で見《み》ているため、トンボはほかの生《い》き物《もの》よりもものの形《かたち》を正《せい》かくにとらえ、エサになる虫《むし》のはやい動《うご》きも見《み》ることができます。さらにトンボの目《め》は大《おお》きくもり上《あ》がっているため、前《まえ》だけでなく、うしろや上下《じょうげ》など広《ひろ》いはんいを見《み》ることもできます。そしてトンボはひんぱん

トンボの目《め》は2個《こ》じゃなく3万《まん》個《こ》！

トンボの目《め》は六角形《ろっかくけい》の小《ちい》さな目《め》「複眼《ふくがん》」が
たくさん集《あつ》まっているものなんだ。

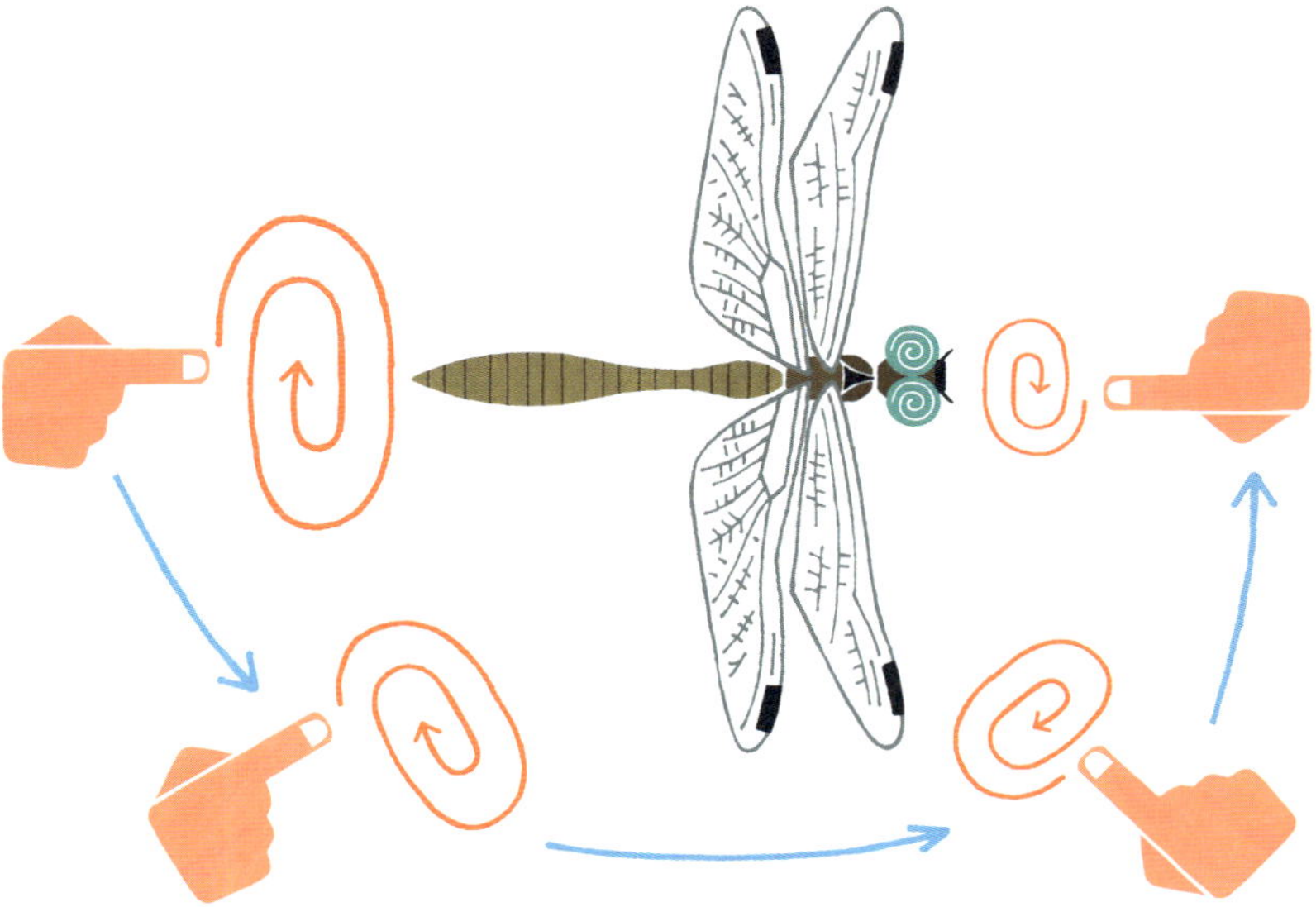

トンボは目《め》がとてもいいので、体《からだ》のまわりで指《ゆび》を回《まわ》すと気《き》をとられるんだ。指《ゆび》に気《き》がむいているときだったらつかまえやすくなるよ。

に首《くび》を動《うご》かしてさらに広《ひろ》いはんいを見《み》ているのです。

　鳥《とり》などのトンボをねらう敵《てき》はどこから来《く》るかわかりません。広《ひろ》く見《み》えることで、敵《てき》をはやく見《み》つけることができます。

　トンボの胸《むね》のきん肉《にく》はとても発《はっ》たつしており、4枚《まい》の羽《はね》をつかって、空中《くうちゅう》で止《と》まったり、方向《ほうこう》をすばやく変《か》えられます。トンボはすぐれた目《め》と飛《と》ぶ力《ちから》で自分《じぶん》の身《み》を守《まも》っているのです。（答《こた》え①）

瀧靖之先生の

賢い子を育てるコツ

昆虫《こんちゅう》は地球《ちきゅう》でいちばん多《おお》い生《い》き物《もの》！

トンボやカブトムシなど、昆《こん》虫《ちゅう》の種類《しゅるい》は500万《まん》以上《いじょう》といわれています。4億年前《おくねんまえ》からいて、すべての生《い》き物《もの》の種類《しゅるい》の7割《わり》をしめる昆虫《こんちゅう》は、地球《ちきゅう》でもっとも繁栄《はんえい》した生《い》き物《もの》といえます。お気《き》に入《い》りの昆虫《こんちゅう》はなんですか？

いきもの

18

どうしてセミは鳴《な》くの？

1
音《おと》でほかのセミとお話《はなし》をしているから

2
大《おお》きな音《おと》で敵《てき》をおどかして
おいはらっているから

3
子《こ》どもを残《のこ》すために
メスをさそっているから

昆《こん》虫《ちゅう》の中《なか》には音《おと》を出《だ》すものもいます。キリギリスやスズムシなどは背中《せなか》の羽《はね》をこすり合《あ》わせて音《おと》を出《だ》しています。でも、鳴《な》いているセミを見《み》ても羽《はね》は動《うご》いていませんよね。セミのおなかの中《なか》には、まくがあります。このまくをきん肉《にく》をつかってふるわせて音《おと》を出《だ》しているのです。さらにセミのおなかの中《なか》にはくうどうがあり、音《おと》をより大《おお》きくひびかせることができます。

またセミのおなかの表面《ひょうめん》には、「ふくべん」というポケットのようなものがついています。このふくべんをつかって、音《おと》の大《おお》きさや音色《ねいろ》を変《か》えています。人間《にんげん》のようにノドをつかって音《おと》を出《だ》しているわけではないので、たくさん鳴《な》いてもノドがかれることはありません。鳴《な》いているセミはすべてオスです。オスはメスをさそって子《こ》どもを残《のこ》そうといっしょうけんめい鳴《な》きます。メスのおなかの中《なか》には、大《おお》きなくうどうがなく卵《たまご》

セミはおなかの中《なか》のまくで音《おと》を出《だ》している！

おなかの中《なか》のまくをふるわせて音《おと》を出《だ》して
くうどうで音《おと》を大《おお》きくしているよ。

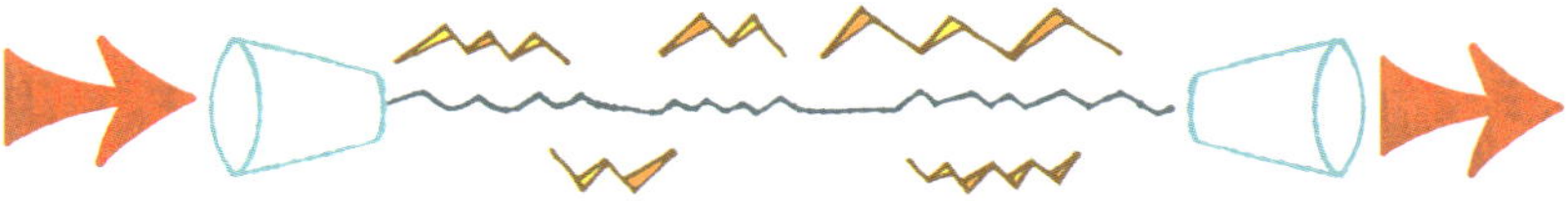

紙《かみ》コップに穴《あな》をあけて糸《いと》をとおしてひっぱる
と、底《そこ》の紙《かみ》がふるえて「ギギギッ」と大《おお》きな
音《おと》が出《で》るよ。セミが鳴《な》くしくみと同《おな》じなんだ。

がぎっしりつまっています。

セミは幼虫《ようちゅう》のときには土《つち》の中《なか》ですごします。アブラゼミの幼虫《ようちゅう》の場合《ばあい》は、2年《ねん》から5年《ねん》くらいを土《つち》の中《なか》ですごしたあと、地上《ちじょう》に出《で》てきて大人《おとな》のセミ、成虫《せいちゅう》になります。でもアブラゼミが成虫《せいちゅう》として生《い》きられるのは2週間《しゅうかん》くらいです。長《なが》く生《い》きる成虫《せいちゅう》のセミでも1か月《げつ》くらいといわれています。短《みじか》い時間《じかん》で子《こ》どもを残《のこ》すためにセミは大《おお》きく鳴《な》くのです。（答《こた》え③）

瀧靖之先生の

賢い子を育てるコツ

セミの種類《しゅるい》をしらべよう

セミは、世界《せかい》に約《やく》1600種類《しゅるい》、日本《にほん》にいるのはそのうちの約《やく》30種類《しゅるい》だそうです。「ミーンミン」と鳴《な》くミンミンゼミ、「ジーックックボーシ」と鳴《な》くツクツクボウシなど、種類《しゅるい》によって鳴《な》き声《ごえ》がちがいます。聞《き》きわけてみましょう。

いきもの

19

どうして力はさすの？

1 卵《たまご》を生《う》むために栄養《えいよう》が必要《ひつよう》だから

2 人間《にんげん》をおいはらうため

3 木《き》や草《くさ》とまちがえてさしている

夏《なつ》になるとカにさされてかゆい思《おも》いをしたことがありますよね。ハチなども人間《にんげん》をさしますが、これは敵《てき》と思《おも》った人間《にんげん》をおいはらうためです。しかし、カは血《ち》をすうために人間《にんげん》をさします。

人間《にんげん》の血《ち》をすうのはメスのカだけです。メスは卵《たまご》を産《う》まなくてはいけませんが、そのためにはたくさんの栄養《えいよう》が必要《ひつよう》です。血《ち》はとても栄養《えいよう》があるので、卵《たまご》を産《う》むメスのカは血《ち》をすうのです。カにはたくさんの種類《しゅるい》があり、人間《にんげん》以外《いがい》のブタやニワトリの血《ち》をすうカもいます。

カは人間《にんげん》のはく息《いき》や、36度《ど》から37度《ど》の体温《たいおん》を感《かん》じてよってきます。カにさされるとかゆくなるのは、カがさすときに血《ち》が固《かた》まらないようにだ液《えき》を血《けっ》かんに入《い》れるからです。このだ液《えき》がかゆみのもとになります。かゆみは冷《ひ》やすとやわらぎます。虫《むし》さされの薬《くすり》がスーッとするのはこのためです。

血《ち》をすうのはメスのカだけ！

メスのカは夏《なつ》に卵《たまご》を産《う》むために
栄養《えいよう》がたくさんある血《ち》をすうんだ。

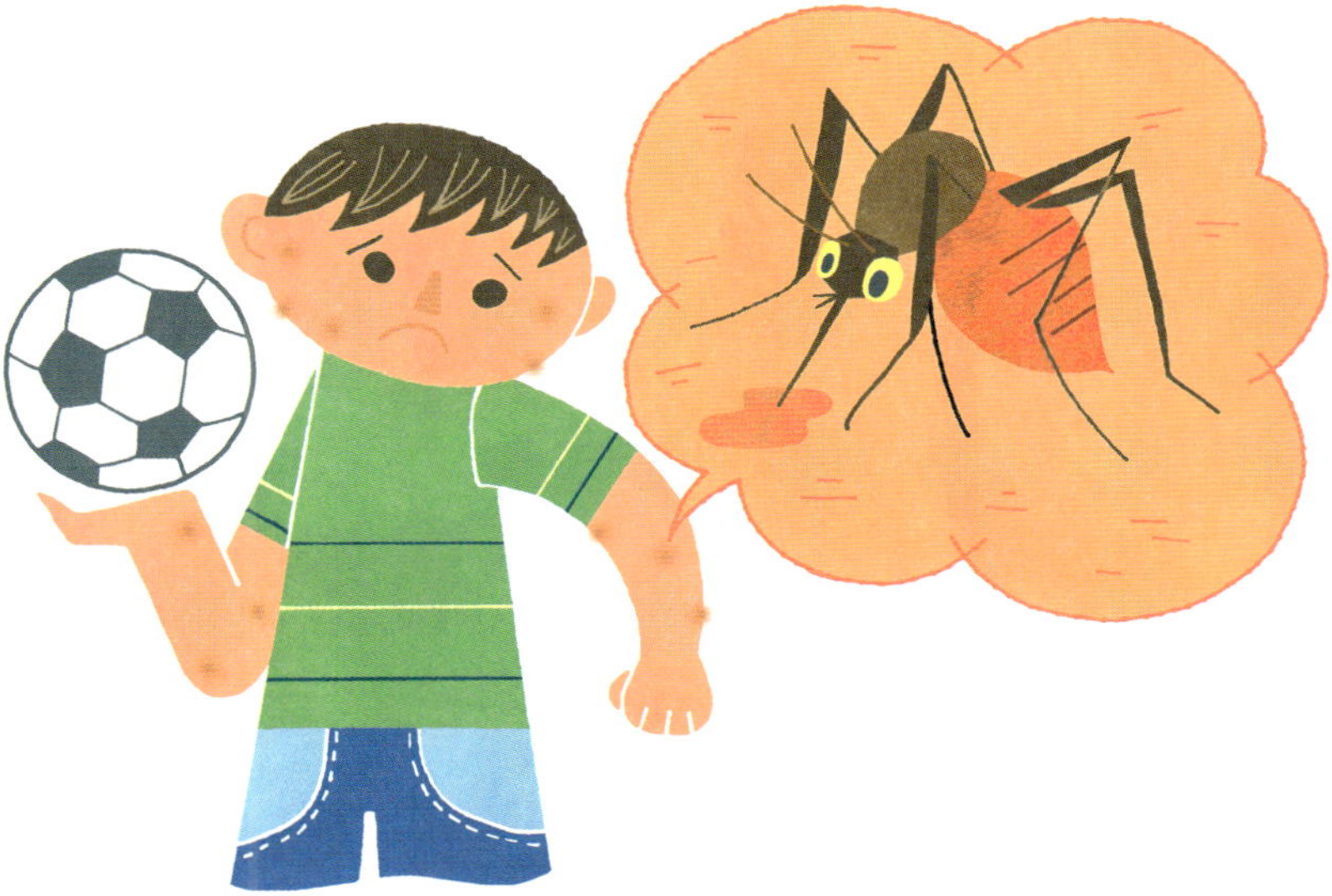

カは人間《にんげん》の体温《たいおん》やはいた息《いき》から、血《ち》をすう先《さき》をさがし出《だ》すよ。カは病気《びょうき》を運《はこ》ぶこともあるので外《そと》では虫《むし》よけスプレーをしようね。

じゅうぶんに栄養《えいよう》をとったメスのカは、流《なが》れがない水《みず》のたまったところに卵《たまご》を産《う》みます。この卵《たまご》から生《う》まれるのがカの幼虫《ようちゅう》、ボウフラです。よく水《みず》がくさるとボウフラがわくといいますが、これはバケツに入《はい》った水《みず》などにカが卵《たまご》を産《う》むからです。庭《にわ》などに雨《あめ》で水《みず》がたまるようなところがあるとカが卵《たまご》を産《う》んで、カがたくさん発生《はっせい》してしまうかもしれないので気《き》をつけましょう。（答《こた》え①）

瀧靖之先生の

賢い子を育てるコツ

血《ち》をすわない オスのカのエサは？

血《ち》をすうカはメスだけで、オスはすいません。オスのエサはなにかというと、花《はな》のみつや草《くさ》の汁《しる》などです。オスはメスよりも体《からだ》が小《ちい》さく、口《くち》も短《みじか》くなっています。飛《と》んでいるカのオスとメスを見《み》わけるのはむずかしそうですね！

いきもの

20

どうして冬《ふゆ》になると木《こ》の葉《は》が落《お》ちるの？

1 寒《さむ》さから逃《に》げてきた動物《どうぶつ》が集《あつ》まらないようにするため

2 葉《は》に雪《ゆき》がつもって木《き》が折《お》れないようにするため

3 冬《ふゆ》になると葉《は》が栄養《えいよう》をたくさんつくれなくなるから

植《しょく》物《ぶつ》は、水《みず》と空気《くうき》と光《ひかり》をつかって栄養《えいよう》をつくります。でもイチョウやカエデなどは秋《あき》になると葉《は》の色《いろ》がかわり、冬《ふゆ》になると葉《は》を落《お》としてしまいます。光合成《こうごうせい》をしなかったらかれてしまいそうですが、ちゃんと春《はる》には新《あたら》しい葉《は》ができます。冬《ふゆ》も光合成《こうごうせい》をして栄養《えいよう》をつくればいいのですが、なぜ葉《は》を落《お》としてしまうのでしょうか。

秋《あき》から冬《ふゆ》の季節《きせつ》になると、気温《きおん》が下《さ》がり昼《ひる》の時間《じかん》が短《みじか》くなりますよね。昼間《ひるま》の太陽《たいよう》の光《ひかり》もずっと弱《よわ》くなります。またさむくなると土《つち》の中《なか》の水《みず》もこおったりするために、根《ね》っこから水《みず》をすい上《あ》げづらくなります。春《はる》や夏《なつ》にくらべて、冬《ふゆ》は光合成《こうごうせい》でたくさんの栄養《えいよう》をつくれなくなるのです。でも葉《は》だって木《き》の一部《いちぶ》ですから、栄養《えいよう》が必要《ひつよう》です。秋《あき》や冬《ふゆ》にはあまり栄《えい》養《よう》がつくれず、葉《は》をつけておく栄養《えいよう》が足《た》りなくなります。そのため、葉《は》を落《お》として栄養《えいよう》をたくわえて、たくさん栄養《えいよう》がつくれる春《はる》をまつのです。

冬《ふゆ》は栄養《えいよう》をつくる工場《こうじょう》がお休《やす》みする季節《きせつ》！

冬《ふゆ》は昼《ひる》が短《みじか》く、太陽《たいよう》の光《ひかり》も弱《よわ》いため、
光合成《こうごうせい》で栄養《えいよう》をたくさんつくれない季節《きせつ》なんだ。

葉《は》にも栄養《えいよう》が必要《ひつよう》だけど、冬《ふゆ》は光合成《こうごうせい》であまり栄養《えいよう》をつくれないんだ。そのため葉《は》を落《お》として栄養《えいよう》がへるのを防《ふせ》いでいるんだ。

落《お》ちた葉《は》にも役《やく》わりがあります。土《つち》の上《うえ》に落《お》ちた葉《は》はくさりますが、このときにねつを出《だ》してさむさをやわらげるのです。くさった葉《は》はやがて土《つち》になり、木《き》の栄養《えいよう》となります。マツやツバキなど一《いち》年中《ねんじゅう》葉《は》をつけている木《き》もあります。これらの木《き》も1年《ねん》から2年《ねん》くらいたった古《ふる》い葉《は》は、落《お》ちます。落《お》ちる葉《は》があれば新《あた》しくのびる葉《は》もあるので、いつも葉《は》があるように見《み》えるのです。（答《こた》え③）

瀧靖之先生の

賢い子を育てるコツ

紅葉《こうよう》を見《み》に出《で》かけよう

日本《にほん》の紅葉《こうよう》は世界一《せかいいち》美《うつく》しいといわれています。美《うつく》しさの秘《ひ》密《みつ》は落葉広葉樹《らくようこうようじゅ》の多《おお》さで、欧《おう》米《べい》は13種類《しゅるい》ですが、日本《にほん》は26種類《しゅるい》。だから、色彩豊《しきさいゆた》かな紅《こう》葉《よう》が楽《たの》しめるのです。赤《あか》、黄《き》、オレンジなど、葉《は》の色《いろ》をくらべてみましょう。

いきもの

21

どうして恐竜《きょうりゅう》は大《おお》きくなったの？

1 体《からだ》の中《なか》にたくさんのくうどうがあったから

2 たくさんのエサがあり、死《し》ぬまで成長《せいちょう》できたから

3 とても大《おお》きな卵《たまご》を産《う》んだから

恐《きょう》竜《りゅう》の中《なか》には30メートルをこえる大《おお》きなものもいました。大《おお》きな恐《きょう》竜《りゅう》のほとんどは草《くさ》を食《た》べる草食恐竜《そうしょくきょうりゅう》です。体《からだ》が大《おお》きいといいことがあります。肉食《にくしょく》の動物《どうぶつ》から身《み》を守《まも》れることです。たとえば健康《けんこう》な大人《おとな》の象《ぞう》に、ライオンやチーターなどはたちうちできません。

また大《おお》きいともっと高《たか》いところの葉《は》を食《た》べることができるようになります。肉食《にくしょく》の場合《ばあい》は、エサとなる動物《どうぶつ》が動《うご》くので大《おお》きくなりすぎるとえものを見《み》つけたり、つかまえたりすることがむずかしくなります。

でも、大《おお》きな恐竜《きょうりゅう》も生《う》まれたときから大《おお》きかったわけではありません。巨大草食恐竜《きょだいそうしょくきょうりゅう》の卵《たまご》でもダチョウの卵《たまご》の3倍《ばい》くらいしかありません。そのかわり、生《う》まれるとすごいスピードで成長《せいちょう》します。大人《おとな》になると体《たい》長《ちょう》が25メートルにもなるアパトサウルスの子《こ》どもは、1日《にち》15キロも体《たい》重《じゅう》が増《ふ》えたと考《かんが》えられています。

恐竜《きょうりゅう》は年《とし》をとるほど大《おお》きくなる！

大《おお》きな体《からだ》ほど栄養《えいよう》がたくさん必要《ひつよう》なんだ。
恐竜《きょうりゅう》の時代《じだい》は食《た》べ物《もの》がたくさんあったんだよ。

人間《にんげん》は大人《おとな》になると成長《せいちょう》が止《と》まるけど、恐竜《きょうりゅう》は成長《せいちょう》が止《と》まらないよ。だから恐竜《きょうりゅう》は年《とし》をとればとるほど大《おお》きな体《からだ》をしていたよ。

でも大《おお》きな体《からだ》になるためにはたくさんのエサが必要《ひつよう》になります。恐竜《きょうりゅう》が生《い》きていた時代《じだい》は、空気《くうき》の中《なか》の二酸化炭素《にさんかたんそ》が今《いま》の６倍《ばい》もあり、エサとなる植物《しょくぶつ》がとても育《そだ》ちやすい時代《じだい》だったのです。

人間《にんげん》は大人《おとな》になると成長《せいちょう》が止《と》まりますが、恐竜《きょうりゅう》はワニなどのは虫《ちゅう》類《るい》と同《おな》じように死《し》ぬまで成長《せいちょう》します。たくさんのエサがあり、成《せい》長《ちょう》しつづけられたことから恐竜《きょうりゅう》は大《おお》きくなったのです。（答《こた》え②）

瀧靖之先生の 賢い子を育てるコツ

博物館《はくぶつかん》や映画《えいが》で恐竜《きょうりゅう》の大《おお》きさを体感《たいかん》

恐竜《きょうりゅう》に興味《きょうみ》をもったら、博《はく》物館《ぶつかん》に行《い》ってみましょう。福《ふく》井《い》県《けん》立《りつ》恐竜《きょうりゅう》博物館《はくぶつかん》（福井県《ふくいけん》勝山市《かつやまし》）にはリアルなジオラマや恐竜《きょうりゅう》のいた時代《じだい》を再現《さいげん》した展示《てんじ》があります。『ジュラシック・ワールド』などの映《えい》画《が》を見《み》るのもおすすめです！

しぜん

22

どうして夜《よる》は暗《くら》いの？

1 地《ち》球《きゅう》が回《かい》転《てん》して太《たい》陽《よう》と反《はん》対《たい》がわになるため

2 太《たい》陽《よう》の光《ひか》る力《ちから》が弱《よわ》くなるため

3 太《たい》陽《よう》が移《い》動《どう》して山《やま》や海《うみ》の向《む》こうにかくれるため

昼《ひる》はまぶしいくらいに明《あか》るかった空《そら》が、夜《よる》になると真《ま》っ暗《くら》になりますか。なぜ、空《そら》の色《いろ》が変《か》わるか考《かんが》えたことはありますか？

これには、太陽《たいよう》の存在《そんざい》が大《おお》きく関係《かんけい》しています。太陽《たいよう》は、毎朝《まいあさ》東《ひがし》の空《そら》からのぼり昼《ひる》に南《みなみ》の空《そら》をとおって、夕方《ゆうがた》には西《にし》の空《そら》へしずみます。このことを知《し》っている人《ひと》は多《おお》いでしょう。「太陽《たいよう》が動《うご》いている」と思《おも》うかもしれませんが、じつは動《うご》いているのは地球《ちきゅう》なのです。地球《ちきゅう》は「地軸《ちじく》」という軸《じく》を中心《ちゅうしん》に1日《にち》に1回《かい》くるりと回転《かいてん》しているのです。これを「自《じ》転《てん》」といいます。

自転《じてん》によって地球《ちきゅう》が回転《かいてん》すると、太陽《たいよう》の光《ひかり》が当《あ》たっていた場所《ばしょ》は、当《あ》たらない場所《ばしょ》に動《うご》いてしまいます。この太陽《たいよう》の光《ひかり》が当《あ》たっているがわが昼《ひる》、当《あ》たっていないがわが夜《よる》です。ですから、夜《よる》が暗《くら》い理由《りゆう》は太陽《たいよう》の光《ひかり》が当《あ》たらずかげになっているからなのです。

地球《ちきゅう》は1日《にち》に1回転《かいてん》するから昼《ひる》と夜《よる》がある！

地球《ちきゅう》は回転《かいてん》しているから、太陽《たいよう》に当《あ》たるときとかげになるときが交互《こうご》にくるんだ。

私《わたし》たちがお昼《ひる》ごはんを食《た》べているとき、地球《ちきゅう》のうらがわは夜《よる》になっているよ。月《つき》や星《ほし》の光《ひかり》では昼《ひる》ほど明《あか》るくならずに暗《くら》いんだ。

太陽《たいよう》がしずみ暗《くら》くなると、空《そら》には月《つき》や星《ほし》が輝《かがや》きますね。でも昼間《ひるま》のように明《あか》るくなることはありません。月《つき》は月《つき》自体《じたい》が光《ひか》っているわけではなく、鏡《かがみ》のように太陽《たいよう》の光《ひかり》を反射《はんしゃ》しているためです。そのため、太陽《たいよう》ほど明《あか》るくないのです。

また夜空《よぞら》には星《ほし》がたくさんありますが、どれも地球《ちきゅう》から遠《とお》くはなれているために地球《ちきゅう》に届《とど》く光《ひかり》はわずかです。そのため、月《つき》や星《ほし》があっても夜《よる》は暗《くら》いのです。（答《こた》え①）

瀧靖之先生の

賢い子を育てるコツ

夜空《よぞら》をながめよう

夜空《よぞら》に浮《う》かぶ星《ほし》や月《つき》について図鑑《ずかん》でしらべたり、プラネタリウムに行《い》ったりして、好奇心《こうきしん》をさらに刺激《しげき》しましょう。十五夜《じゅうごや》のお月見《つきみ》など、日本《にほん》の風習《ふうしゅう》にふれることも心《こころ》を豊《ゆた》かにします。親子《おやこ》いっしょに楽《たの》しみましょう。

しぜん

23

雲《くも》の上《うえ》に乗《の》ることはできるの？

1 乗《の》ることができる

2 乗《の》ることはできない

3 小《ちい》さな動物《どうぶつ》なら乗《の》ることができる

真《ま》っ青《さお》な空《そら》にふわふわと浮《う》かぶ白《しろ》い雲《くも》。あの上《うえ》に乗《の》って空《そら》を自由《じゆう》に散歩《さんぽ》できたらどんなに気《き》もちいいことでしょう。遠《とお》くはなれた国《くに》にもかんたんに行《い》けるはずです。しかし、残念《ざんねん》なことに人間《にんげん》は雲《くも》の上《うえ》に乗《の》ることはできません。雲《くも》の正体《しょうたい》は、小《ちい》さな水《みず》や氷《こおり》のつぶだからです。

もともと雲《くも》は、私《わたし》たちのまわりにある空気《くうき》からできています。空気《くうき》は温《あたた》められると軽《かる》くなり、冷《ひ》やされると重《おも》くなります。地上《ちじょう》で太陽《たいよう》のねつによって温《あたた》められた空気《くうき》は軽《かる》くなって上《うえ》へのぼっていきます。しかし、高《たか》い場所《ばしょ》は気温《きおん》が低《ひく》いため、今度《こんど》は冷《ひ》やされます。空気《くうき》の中《なか》には水《みず》や氷《こおり》のべつの形《かたち》の水蒸気《すいじょうき》というものがあります。この水蒸気《すいじょうき》が冷《ひ》やされて水《みず》や氷《こおり》のつぶになるのです。この水《みず》や氷《こおり》のつぶがたくさん集《あつ》まって雲《くも》ができるというわけです。

さらに高《たか》い場所《ばしょ》へ行《い》くとどんどん気温《きおん》が下《さ》がりますから、水《みず》のつぶは

雲《くも》の正体《しょうたい》は小《ちい》さな水《みず》や氷《こおり》のつぶ！

小《ちい》さな水《みず》や氷《こおり》が集《あつ》まって大《おお》きくなると
雨《あめ》や雪《ゆき》になって地上《ちじょう》へふってくるよ。

空気《くうき》には水《みず》や氷《こおり》のべつの形《かたち》である水蒸気《すいじょうき》がふくまれているよ。この水蒸気《すいじょうき》が冷《ひ》やされると小《ちい》さな水《みず》や氷《こおり》になって雲《くも》に見《み》えるんだ。

氷《こおり》のつぶへ、そして少《すこ》しずつ白《しろ》くハッキリした雲《くも》へと成長《せいちょう》します。これは、さむい冬《ふゆ》の日《ひ》に息《いき》が白《しろ》くなるのと同《おな》じしくみです。地上《ちじょう》の水蒸気《すいじょうき》が空《そら》に上《あ》がると冷《ひ》やされて白《しろ》く見《み》えるのです。

雲《くも》の中《なか》には、水《みず》のつぶだけでできた「水雲《すいうん》」や、氷《こおり》のつぶだけでできた「氷晶雲《ひょうしょううん》」、また水《みず》のつぶと氷《こおり》のつぶ、両方《りょうほう》が混《ま》ざり合《あ》ってできた「混合雲《こんごううん》」など、さまざまなものがあります。（答《こた》え②）

瀧靖之先生の

賢い子を育てるコツ

雲《くも》の種類《しゅるい》をしらべよう

雲《くも》にはいろいろな種類《しゅるい》があり、入道雲《にゅうどうぐも》、うろこ雲《ぐも》、ひつじ雲《ぐも》、巻雲《けんうん》、積雲《せきうん》、積乱雲《せきらんうん》……など、発生《はっせい》する高《たか》さと形《かたち》で名前《なまえ》がつけられています。「今日《きょう》はどんな雲《くも》なのかな？」と、毎日《まいにち》、空《そら》を見上《みあ》げて、ちがいをくらべてみましょう。

しぜん

24

どうして季節《きせつ》は4つあるの？

1 太陽《たいよう》が離《はな》れたり近《ちか》づいたりするから

2 太陽《たいよう》の力《ちから》が強《つよ》くなったり弱《よわ》くなったりするから

3 地球《ちきゅう》がかたむいて太陽《たいよう》のまわりを回《まわ》っているから

ぽかぽかあたたかい春《はる》、太陽《たいよう》がてりつける夏《なつ》、すずしい秋《あき》、さむくなって雪《ゆき》がふる冬《ふゆ》、日本《にほん》には4つの季節《きせつ》があります。「太陽《たいよう》の光《ひかり》の強《つよ》さが変《か》わるの？」と思《おも》う人《ひと》もいるかもしれませんが、そうではありません。

地球《ちきゅう》は、1年《ねん》かけて太陽《たいよう》のまわりを1周《しゅう》します。これを「公転《こうてん》」と呼《よ》びます。太陽《たいよう》に対《たい》して地球《ちきゅう》がどの位置《いち》にあるかによって、季節《きせつ》が変《か》わります。地球儀《ちきゅうぎ》を見《み》ると地球《ちきゅう》が少《すこ》しかたむいていますよね。このかたむきを地軸《ちじく》といいます。地球《ちきゅう》は、23・4度《ど》かたむいているため、太陽《たいよう》の当《あ》たる光《ひかり》が時期《じき》によって変《か》わってきます。

地球《ちきゅう》の北半分《きたはんぶん》のところにある日本《にほん》の場合《ばあい》、太陽《たいよう》が地球《ちきゅう》の地軸《ちじく》のかたむきの方向《ほうこう》にある時期《じき》は太陽《たいよう》の光《ひかり》がたくさん当《あ》たり、長《なが》い時間《じかん》てらされるので夏《なつ》になります。かたむきの反対方向《はんたいほうこう》にある時期《じき》は光《ひかり》がななめにしか当《あ》たらず、てらされる時間《じかん》が短《みじか》いため冬《ふゆ》になります。そして夏《なつ》と冬《ふゆ》の中《ちゅう》

地球《ちきゅう》がかたむいていなかったら季節《きせつ》はない？

季節《きせつ》は地球《ちきゅう》の公転《こうてん》と地軸《ちじく》から生《う》まれるよ。
地軸《ちじく》がなければ季節《きせつ》はなくなるんだ。

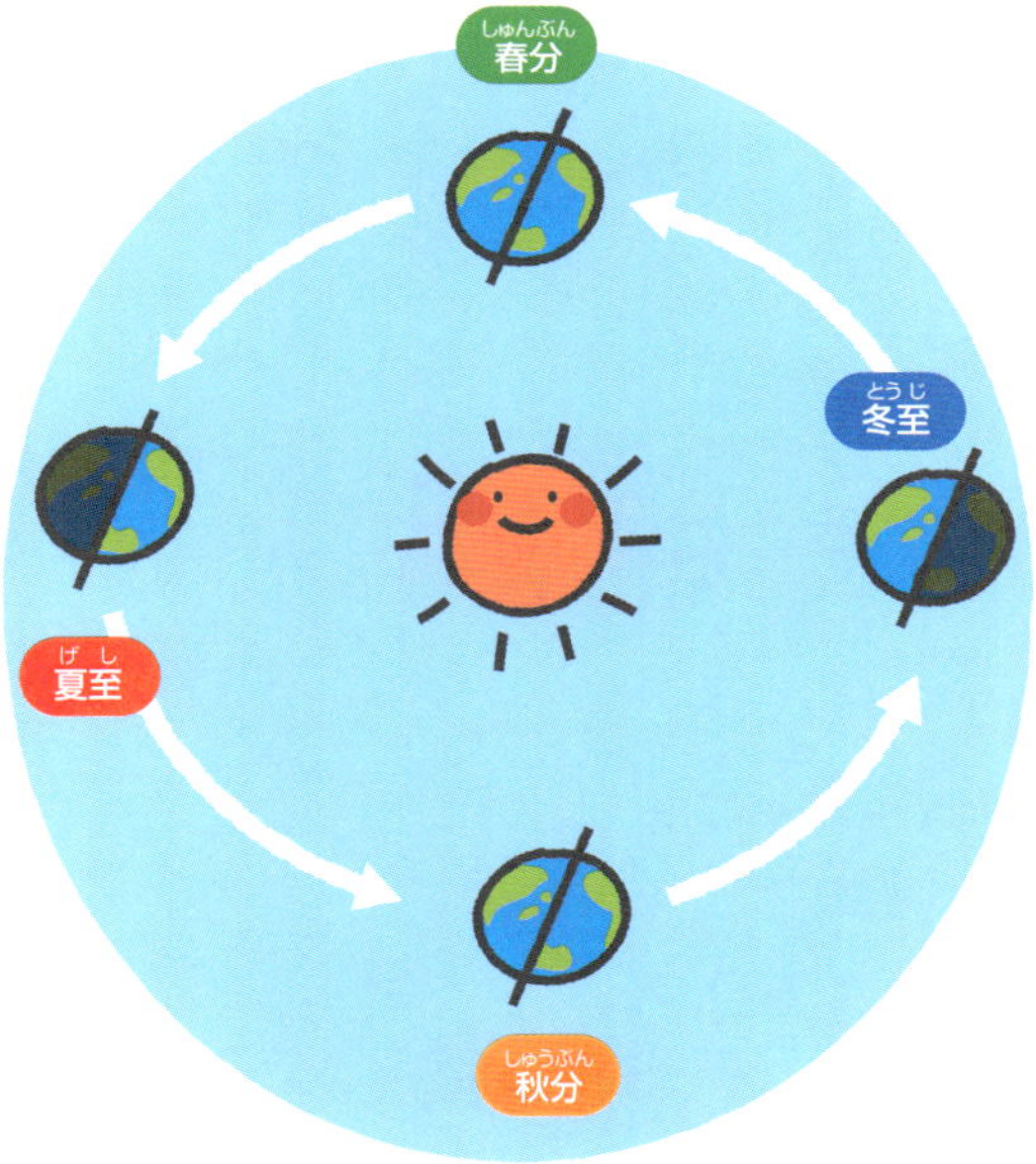

かたむいたまま太陽《たいよう》のまわりを公転《こうてん》しているため、太陽《たいよう》の光《ひかり》がたくさん当《あ》たる夏《なつ》の季節《きせつ》と太陽《たいよう》の光《ひかり》が少《すく》ない冬《ふゆ》の季節《きせつ》ができるんだ。

間《かん》が春《はる》と秋《あき》になります。

地球《ちきゅう》の南半分《みなみはんぶん》のところにある国《くに》の場合《ばあい》は、日本《にほん》の反対《はんたい》になるので、日本《にほん》が夏《なつ》のときに冬《ふゆ》、日本《にほん》が冬《ふゆ》のときに夏《なつ》になります。

顔《かお》を地球《ちきゅう》だとしたら、おでこのあたりに日本《にほん》があります。火《ひ》に対《たい》して顔《かお》を下《した》に向《む》けるとおでこは温《あたた》かいですよね。このときが夏《なつ》です。反対《はんたい》に顔《かお》を上《うえ》に向《む》けるとおでこはすずしくなります。このときが冬《ふゆ》というわけです。（答《こた》え③）

瀧靖之先生の

賢い子を育てるコツ

4つの季節《きせつ》を楽《たの》しもう

四季《しき》のある国《くに》は世界《せかい》に多《おお》くありますが、日本人《にほんじん》ほど四季《しき》を感《かん》じながら生活《せいかつ》する国民《こくみん》はほかにいないでしょう。春《はる》のお花《はな》見《み》、夏《なつ》の七夕《たなばた》、秋《あき》のお月《つき》見《み》、冬《ふゆ》のお正月《しょうがつ》など、それぞれの季節《きせつ》ならではの行事《ぎょうじ》を楽《たの》しみましょう。

しぜん

25

どうして海《うみ》はこんなに広《ひろ》いの？

1. 地下《ちか》にある水《みず》がわき出《で》てきたから

2. 大昔《おおむかし》に長《なが》い間《あいだ》、大雨《おおあめ》がつづいたから

3. 氷《こおり》のいん石《せき》が宇宙《うちゅう》からふってきたから

宇《う》宙《ちゅう》から見《み》ると青《あお》く美《うつく》しい地球《ちきゅう》。太陽《たいよう》のまわりにある８つの惑星《わくせい》の中《なか》でも、ただひとつ表面《ひょうめん》を海《うみ》でおおわれた星《ほし》です。その割合《わりあい》は全《ぜん》体《たい》のおよそ70パーセント、陸《りく》よりも海《うみ》のほうが２倍以上《ばいいじょう》も広《ひろ》いのです。広《ひろ》さだけでなく海面《かいめん》の下《した》もふかくなっています。もっともふかいところはおよそ１万《まん》１０００メートルです。地球《ちきゅう》でもっとも高《たか》い山《やま》のエベレストの高《たか》さをこえるほどのふかさなのです。

しかし、この広《ひろ》い海《うみ》は地球《ちきゅう》が誕生《たんじょう》したときからあったわけではありません。もともと地球《ちきゅう》には水《みず》もなかったのです。では、なぜあれほど大《おお》きな海《うみ》ができたのでしょうか。

多《おお》くの学者《がくしゃ》の話《はなし》によると、今《いま》からさかのぼること46億年《おくねん》ほど前《まえ》、地《ち》球《きゅう》が生《う》まれるときにたくさんのいん石《せき》が衝突《しょうとつ》しました。そして、そのいん石《せき》の中《なか》にふくまれていた水《みず》が水蒸気《すいじょうき》となって外《そと》に出《で》てきました。

海《うみ》ができたのは大雨《おおあめ》がふったから！

恐竜《きょうりゅう》が生《い》きていたころにも
雨《あめ》がふりつづいた時代《じだい》があったよ。

岩石《がんせき》にも水《みず》がふくまれているよ。大昔《おおむかし》の地球《ちきゅう》の表面《ひょうめん》はマグマでおおわれていて、水《みず》が蒸発《じょうはつ》して、大雨《おおあめ》をふらせて海《うみ》ができたんだ。

しばらくしていん石《せき》の衝突《しょうとつ》がへると、今度《こんど》は地球《ちきゅう》が冷《ひ》えました。そして、いん石《せき》の中《なか》から出《で》てきた水蒸気《すいじょうき》が大量《たいりょう》の雨《あめ》になったのです。その大雨《おおあめ》は、数百年《すうひゃくねん》、数千《すうせん》年《ねん》もつづいたといわれています。

　このとき、土地《とち》の低《ひく》いところに水《みず》がたまってできたのが海《うみ》のはじまりです。海《うみ》がこんなに広《ひろ》いのは、いん石《せき》の中《なか》にふくまれていたたくさんの水《みず》のためだったのです。

（答《こた》え②）

瀧靖之先生の

賢い子を育てるコツ

海《うみ》の名前《なまえ》を覚《おぼ》えよう

海《うみ》に浮《う》かぶ島国《しまぐに》、日本《にほん》にとって、海《うみ》は身近《みぢか》な存在《そんざい》です。日《に》本《ほん》のまわりの海《うみ》の名前《なまえ》を覚《おぼ》えたら、ほかの海《うみ》もどんどん覚《おぼ》えましょう。気《き》になった海《うみ》について、すぐに確認《かくにん》できるように、地球儀《ちきゅうぎ》や地図《ちず》が身近《みぢか》な場所《ばしょ》にあるといいですね。

しぜん

26

地《じ》面《めん》の下《した》はどうなっているの？

1 ドロドロの岩石《がんせき》がある

2 水《みず》がつまっている

3 くうどうになっている

砂《すな》場《ば》でふかいあなをほったことがあるでしょう。やわらかい砂《すな》はスコップですいすいほることができます。それを、さらにもっとほっていくとどうなるでしょうか。

地球《ちきゅう》のつくりは、ニワトリの卵《たまご》に似《に》ています。ゆでた卵《たまご》を殻《から》ごと真《ま》っ二《ぷた》つに切《き》ったときの切《き》り口《くち》を想像《そうぞう》してみてください。まず、卵《たまご》の外《そと》がわのうすい殻《から》にあたるところが地殻《ちかく》です。ここが私《わたし》たちが暮《く》らしているところです。固《かた》い岩石《がんせき》でできていて、あつさはだいたい30キロから70キロくらいといわれています。

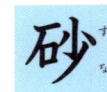

その内《うち》がわの、卵《たまご》の白身《しろみ》にあたる部分《ぶぶん》がマントルです。地殻《ちかく》と同《おな》じ岩《がん》石《せき》でできていますが、とけたチョコレートのようにドロドロです。地《ち》上《じょう》から、ふかさ2900キロあたりまでつづきます。

そして、卵《たまご》の黄身《きみ》にあたる部分《ぶぶん》が核《かく》です。鉄《てつ》などの金属《きんぞく》でできていて、

私《わたし》たちが暮《く》らしているのは卵《たまご》の殻《から》の部分《ぶぶん》？

地球《ちきゅう》のつくりは卵《たまご》に似《に》ているんだ。
殻《から》の部分《ぶぶん》に私《わたし》たちはいるよ。

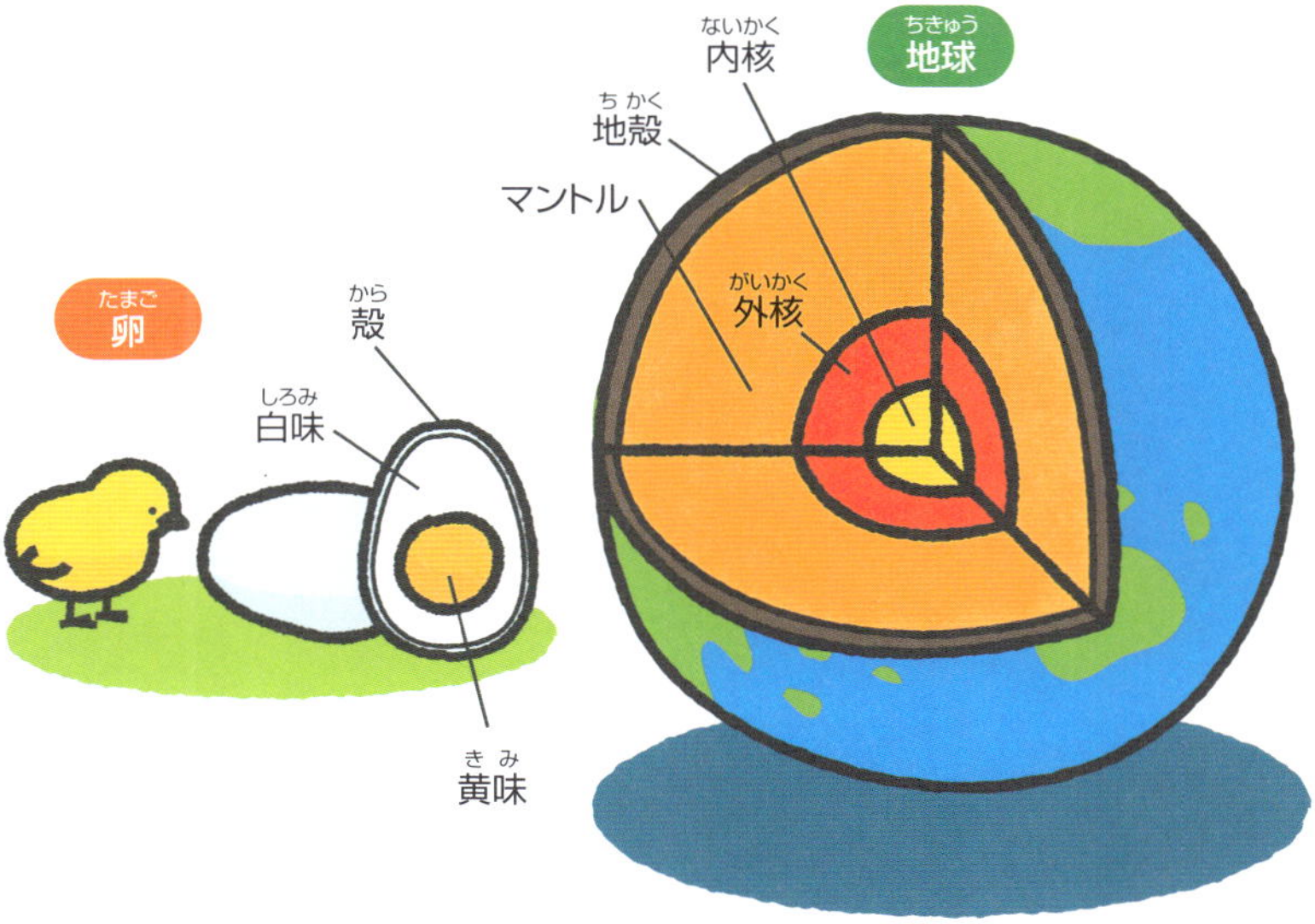

地球《ちきゅう》の直径《ちょっけい》はだいたい1万《まん》キロ。そのうち地《ち》殻《かく》の部分《ぶぶん》は30キロから70キロくらいしかないんだ。その下《した》にはドロドロの岩石《がんせき》があるよ。

外《そと》がわはドロドロにとけていますが、中心部《ちゅうしんぶ》はまわりから強《つよ》い力《ちから》で押《お》されているためとても固《かた》く、６０００度《ど》もあります。

地球《ちきゅう》の中《なか》をどうやってしらべたのでしょうか。木《き》と鉄《てつ》の棒《ぼう》をふるとゆれ方《かた》がちがいますよね。固《かた》さなどによってゆれ方《かた》は変《か》わるからです。地《じ》しんがおきたときのゆれの伝《つた》わり方《かた》やはやさから、地面《じめん》の下《した》のようすをしらべることができるのです。（答《こた》え①）

瀧靖之先生の

賢い子を育てるコツ

大地《だいち》の歴史《れきし》を見《み》てみよう

プレートがひしめき合《あ》う日本《にほん》は地殻変動《ちかくへんどう》がはげしく、さまざまな地層《ちそう》がむき出《だ》しになっています。地質年代《ちしつねんだい》の名前《なまえ》で注目《ちゅうもく》を集《あつ》めている「チバニアン」など、見学可能《けんがくかのう》なところもあります。自然博物館《しぜんはくぶつかん》などでも地層《ちそう》を見《み》られますよ。

しぜん

27

どうして火《ひ》はあついの？

1

光《ひかり》によって皮《ひ》ふがきずつくから

2

脳《のう》があついとかんちがいしているから

3

すごいエネルギーを出《だ》しているから

誕《たん》

生日《じょうび》にケーキを食《た》べる人《ひと》は多《おお》いでしょう。年《とし》の数《かず》だけローソクを飾《かざ》りますよね。このとき、火《ひ》をつけるとまわりがほんわか温《あたた》かくなります。なぜ火《ひ》はあついのでしょうか。

木《き》の枝《えだ》を燃《も》やすと、もとの大《おお》きさよりも小《ちい》さな燃《も》えカスになりますよね。では、燃《も》えることでもともとあった木《き》の部分《ぶぶん》はどこにいってしまったのでしょうか。

これは火《ひ》が燃《も》えると、空気中《くうきちゅう》の酸素《さんそ》をつかって、光《ひかり》とねつのエネルギーと二酸化炭素《にさんかたんそ》を出《だ》すからです。燃《も》えることで、小枝《こえだ》の外《そと》にいろいろなものを出《だ》してしまうから燃《も》えカスになってしまうのです。火《ひ》があついのは、このときに出《で》るねつのエネルギーのせいなのです。

火《ひ》は場所《ばしょ》によってあつさがちがいます。ローソクの火《ひ》を想像《そうぞう》してください。火《ひ》の色《いろ》がひとつではないことに気《き》がつくでしょう。外《そと》がわの光《ひかり》の

火《ひ》からはエネルギーがたくさん出《で》ている！

ものが燃《も》えると、もっているエネルギーが
光《ひかり》とねつになって出《で》てくるよ。

ものが燃《も》えると、空気中《くうきちゅう》の酸素《さんそ》をつかって、光《ひかり》とねつ、二酸化炭素《にさんかたんそ》を出《だ》すんだ。火《ひ》は出《だ》されたねつのためにあつく感《かん》じるんだ。

うすいところは約《やく》1400度《ど》、内《うち》がわのところは約《やく》1200度《ど》、ローソクの芯《しん》のあたりは約《やく》300度《ど》から900度《ど》と、火《ひ》のあつさも場所《ばしょ》によってさまざまなのです。

子《こ》どもだけで火《ひ》をつかうととても危《き》けんです。「ちょっと遊《あそ》んでみよう」と火《ひ》をつけて、大火事《おおかじ》になってしまうこともあります。火《ひ》をつかうときは、大人《おとな》のいうことをしっかり守《まも》ってくださいね。

（答《こた》え③）

瀧靖之先生の

賢い子を育てるコツ

消防士《しょうぼうし》さんの仕事《しごと》を体験《たいけん》してみよう

消防博物館《しょうぼうはくぶつかん》（東京都新宿区《とうきょうとしんじゅくく》）では、江戸時代《えどじだい》から現代《げんだい》までの消防《しょうぼう》の歴史《れきし》を学《まな》び、消防車《しょうぼうしゃ》の模型《もけい》に乗《の》ったり、消火活動《しょうかかつどう》を体験《たいけん》できたりします。各《かく》消防署《しょうぼうしょ》でも消防車《しょうぼうしゃ》を見学《けんがく》できる場合《ばあい》があります。気軽《きがる》に問《と》い合《あ》わせてみましょう。

しぜん

28

どうして氷《こおり》は手《て》にくっつくの？

1 さわってとけたところがまたこおるから

2 氷《こおり》ではなく指《ゆび》がベタベタしているから

3 氷《こおり》に静電気《せいでんき》がおきているから

夏《なつ》のあつい日《ひ》、氷《こおり》をさわるとひんやり冷《つめ》たくて気《き》もちいいですね。だけど、冷《れい》とう庫《こ》から取《と》り出《だ》してすぐ氷《こおり》にさわると指《ゆび》にピタッと氷《こおり》がくっついてしまいます。

これは、指《ゆび》でさわったところがとけて水《みず》になったあと、氷《こおり》の冷《つめ》たさによってまたすぐにこおるからです。指《ゆび》が氷《こおり》にさわったままこおるため、なかなかとれなくなってしまうのです。

指《ゆび》にくっついた氷《こおり》をむりにはがそうとすると、皮《ひ》ふがきずついて血《ち》が出《で》てしまうこともあります。あせらずに氷《こおり》の表面《ひょうめん》にたっぷり水《みず》をかけましょう。すると、指《ゆび》とくっついていた部分《ぶぶん》がとけてかんたんにはがすことができます。

ここで、おもしろい実験《じっけん》を紹介《しょうかい》しましょう。グラスにいくつか氷《こおり》を入《い》れて、上《うえ》から水《みず》を1滴《てき》ずつぽとぽと落《お》とします。5〜6滴《てき》ほど落《お》とした

とけた水《みず》がまたこおって接着剤《せっちゃくざい》みたいになる！

指《ゆび》の温度《おんど》でとけた水《みず》が指《ゆび》と氷《こおり》の間《あいだ》で
こおるからくっついてしまうんだ。

冷《れい》とう庫《こ》の氷《こおり》は、水《みず》がこおる温度《おんど》よりもひくいんだ。だから指《ゆび》がふれてとけたところも、すぐにまたこおってしまうんだよ。

ところで、一度《いちど》グラスの中《なか》のようすを観察《かんさつ》してみてください。さっきまで1個《こ》ずつバラバラだったグラスの中《なか》の氷《こおり》がくっついて、ひとつの大《おお》きなかたまりになっているのです。

これは、指《ゆび》が氷《こおり》にくっついてしまうのと同《おな》じしくみです。上《うえ》から落《お》とした水滴《すいてき》が冷《ひ》やされてこおり、氷《こおり》と氷《こおり》をくっつける接着剤《せっちゃくざい》の役《やく》わりをしているのです。

（答《こた》え①）

瀧靖之先生の

賢い子を育てるコツ

家《いえ》で氷《こおり》をつくってみよう

氷《こおり》はどれくらいでできるのかつくってみましょう。冷《れい》とう庫《こ》で、水《みず》が氷《こおり》に変《か》わるまでの時間《じかん》を計《はか》ってください。こおりはじめと、完全《かんぜん》にこおるまで、両方《りょうほう》をチェックします。いろいろな形《かたち》の容器《ようき》でこおらせてみましょう。

しぜん

29

どうして氷《こおり》は冷《つめ》たいの？

1 氷《こおり》がさむい空《くう》気《き》を出《だ》しているから

2 氷《こおり》がとけるときに手《て》のねつがつかわれるから

3 小《ちい》さな氷《こおり》のつぶが皮《ひ》ふにしみこむから

氷《こおり》をさわると、手《て》がひんやりしますね。中《なか》に氷《こおり》の神様《かみさま》が住《す》んでいるから、氷《こおり》は地球《ちきゅう》のとてもさむい国《くに》からやってきているから、それとも、雪女《ゆきおんな》が呪《のろ》いをかけたから……。

残念《ざんねん》ながら、どれもちがいます。氷《こおり》を指《ゆび》でさわると、表面《ひょうめん》がほんの少《すこ》しとけてしまいますよね。じつは氷《こおり》が水《みず》になるとき、まわりのねつのエネルギーをつかってとけているからです。氷《こおり》を手《て》でさわったときに「冷《つめ》たいな」と感《かん》じるのは、手《て》のねつのエネルギーをとられているということです。

氷《こおり》がとけるときにねつをとってしまう性質《せいしつ》は私《わたし》たちの生活《せいかつ》のいろいろなところにつかわれています。

たとえば、夏《なつ》のキャンプを想像《そうぞう》してみてください。ペットボトルに入《はい》ったお茶《ちゃ》や缶《かん》ジュースなどの飲《の》み物《もの》をクーラーボックスに入《い》れてもっていく

氷《こおり》から水《みず》になるときに指《ゆび》のねつがつかわれる！

氷《こおり》が水《みず》になるためにはエネルギーが必要《ひつよう》。
エネルギーとして指《ゆび》のねつをもらっているんだ。

指《ゆび》からねつのエネルギーをとられると指《ゆび》は冷《つめ》たくなるよ。かき氷《ごおり》が冷《つめ》たいのも、口《くち》のねつエネルギーでかき氷《ごおり》が水《みず》になったからなんだ。

とき、飲《の》み物《もの》を冷《ひ》やすために氷《こおり》を入《い》れていきますよね。クーラーボックスの中《なか》で氷《こおり》がとけて水《みず》になるとき、まわりのもののねつをうばうため、お茶《ちゃ》やジュースを冷《つめ》たくできるのです。でも氷《こおり》がすべてとけてしまうと、ねつをうばうことができなくなります。そのため、冷《ひ》やすことはできなくなってしまいます。氷《こおり》がとけるということはそれだけまわりのねつをとったということなのです。（答《こた》え②）

瀧靖之先生の

賢い子を育てるコツ

冬《ふゆ》、こおった池《いけ》やつららを見《み》てみよう

池《いけ》や湖《みずうみ》、沼《ぬま》などの水面《すいめん》がこおることを「結氷《けっぴょう》」といいます。気温《きおん》が0度《ど》を下回《したまわ》ったときに発生《はっせい》します。家《いえ》の軒下《のきした》などに下《さ》がる「つらら」も同《おな》じようにさむいときにできる氷《こおり》です。冬《ふゆ》のさむい日《ひ》、観察《かんさつ》してみましょう。

しぜん

30

どうして風船《ふうせん》は浮《う》くの？

1 空《そら》の上《うえ》にふいている風《かぜ》にすいこまれるから

2 風船《ふうせん》が空気《くうき》よりも軽《かる》いから

3 風船《ふうせん》の下《した》から少《すこ》しずつ空気《くうき》がぬけているから

おまつりで買《か》った風船《ふうせん》はふわふわ宙《ちゅう》に浮《う》いて、見《み》ているだけで楽《たの》しい気分《きぶん》になります。うっかり手《て》を放《はな》してしまって、空《そら》へ飛《と》ばした経験《けいけん》のある人《ひと》もいるでしょう。

では、家《いえ》であなたが自分《じぶん》でふくらませた風船《ふうせん》はどうでしょうか。「えいっ！」と空《そら》へ向《む》けて投《な》げても、すぐ下《した》に落《お》ちてきてしまいます。同《おな》じ風船《ふうせん》なのに、おまつりで買《か》ったものとなにがちがうのでしょうか。

おまつりの風船《ふうせん》には、「ヘリウム」と呼《よ》ばれるガスが入《はい》っています。これは、空気《くうき》の約《やく》７分《ぶん》の１の重《おも》さしかない、とても軽《かる》いガスです。「空《くう》気《き》に重《おも》さなんてあるの？」とおどろく人《ひと》がいるかもしれませんが、じつはものにはそれぞれ重《おも》さがあります。

わかりやすいように水《みず》に置《お》きかえて説明《せつめい》しましょう。たとえば、あなたが水《すい》そうに水《みず》をためて鉄《てつ》の玉《たま》とテニスボールを入《い》れたとします。する

空《くう》気《き》よりも軽《かる》いものは空《そら》に浮《う》く！

おまつりで買《か》った風船《ふうせん》は同《おな》じ大《おお》きさの空《くう》気《き》よりも軽《かる》いから
空《くう》気《き》よりも上《うえ》に行《い》こうとするんだ。

同《おな》じ大《おお》きさでくらべたときに、水《みず》よりも軽《かる》いものは水《みず》に浮《う》くし、重《おも》いものはしずむよ。空《くう》気《き》でも同《おな》じことがおきるんだ。

と鉄《てつ》の玉《たま》は底《そこ》へしずみ、テニスボールはぷかぷかと水面《すいめん》に浮《う》かびます。

これは重《おも》さがちがうからです。鉄《てつ》のボールは水《みず》より重《おも》いためしずみ、テニスボールは水《みず》より軽《かる》いため水面《すいめん》に浮《う》かび上《あ》がるのです。

これと同《おな》じしくみで、おまつりの風船《ふうせん》の中《なか》に入《はい》っているヘリウムは、空気《くうき》にくらべてとても軽《かる》いためふわふわ宙《ちゅう》に浮《う》くことができるのです。

（答《こた》え②）

瀧靖之先生の

賢い子を育てるコツ

気球《ききゅう》ってなんだろう？

気球《ききゅう》は、風船《ふうせん》と同《おな》じように、空気《くうき》よりも軽《かる》い気体《きたい》を中《なか》につめることで周囲《しゅうい》の空気《くうき》におし上《あ》げられて浮《う》き、ものや人《ひと》を上空《じょうくう》へ飛《と》ばす乗《の》り物《もの》です。「熱気球《ねつききゅう》」と「ガス気球《ききゅう》」の2種類《しゅるい》があり、日本《にほん》では熱気《ねつき》球《きゅう》が一般的《いっぱんてき》です。

しぜん

31

どうしてかげはできるの？

1. 光《ひかり》が弱《よわ》くなっているから

2. 光《ひかり》がものをとおると黒《くろ》い光《ひかり》になるから

3. まっすぐにすすむ光《ひかり》がさえぎられるから

よく晴《は》れた日《ひ》、足元《あしもと》を見《み》るとあなたの姿《すがた》と同《おな》じ形《かたち》をしたかげがあります。走《はし》って逃《に》げてもずっとついてきますし、とんだりはねたりすると同《おな》じように動《うご》きます。

かげができる理由《りゆう》は、光《ひかり》が関係《かんけい》しています。太陽《たいよう》にしても、へやの電《でん》気《き》にしても、光《ひかり》はまっすぐすすみます。しかし、途中《とちゅう》でそれをさえぎるものがあると光《ひかり》が届《とど》かなくなりかげが生《う》まれるのです。

片手《かたて》で懐中電灯《かいちゅうでんとう》をもって、もう片方《かたほう》の手《て》をてらしてみてください。手《て》の向《む》こうがわにかげができるはずです。懐中電灯《かいちゅうでんとう》からまっすぐ出《で》た光《ひかり》が手《て》によってさえぎられたため、手《て》の形《かたち》のかげが生《う》まれたのです。

かげのできかたは、光《ひかり》の当《あ》て方《かた》や大《おお》きさ、ものの性質《せいしつ》によっても変《か》わります。たとえば、家《いえ》にあるマグカップとグラスを横《よこ》にならべてかげのできかたをくらべてみましょう。

光《ひかり》が届《とど》かないところがかげになる！

光《ひかり》は回《まわ》りこんだりせずにまっすぐすすむよ。
だから光《ひかり》をさえぎられたところがかげになるんだ。

光《ひかり》が出《で》ているほうと反対《はんたい》がわにかげができるよ。光《ひかり》をさえぎったところがかげになるから、かげは同《おな》じ形《かたち》になるんだ。

マグカップの場合《ばあい》、黒《くろ》くハッキリしたかげができ、グラスの場合《ばあい》はうすいかげができます。このちがいは、光《ひかり》をとおすかどうかということです。

マグカップは光《ひかり》をしっかりさえぎるので、黒《くろ》くはっきりしたかげができます。一方《いっぽう》、グラスは透明《とうめい》で光《ひかり》をさえぎらないためかげがうすくなります。また、色《いろ》のある透《とう》明《めい》のグラスの場合《ばあい》は、かげにグラスと同《おな》じ色《いろ》がつきます。（答《こた》え③）

瀧靖之先生の

賢い子を育てるコツ

かげ絵《え》で当《あ》てっこ遊《あそ》びをしよう

手《て》や人形《にんぎょう》など、うしろから光《ひかり》を当《あ》てて、そのかげを映《うつ》したものを「かげ絵《え》」といいます。何《なに》をあらわしたものか当《あ》てっこをして遊《あそ》んで、想像力《そうぞうりょく》を育《そだ》てましょう。手《て》をつかって、動物《どうぶつ》など、いろいろなものを表現《ひょうげん》できますよ。

うちゅう

32

どうして人間《にんげん》は地《ち》球《きゅう》から落《お》ちないの？

1 目《め》に見《み》えない引《ひ》っぱる力《ちから》があるから

2 空《くう》気《き》の力《ちから》で地《じ》面《めん》に押《お》しつけられているから

3 宇《う》宙《ちゅう》空《くう》間《かん》のように無《む》重《じゅう》力《りょく》になっているから

私《わたし》たちはふだん地面《じめん》に立《た》っています。高《たか》くジャンプをしてもまた地《じ》面《めん》に落《お》ちます。でも地球儀《ちきゅうぎ》を見《み》ると地球《ちきゅう》は丸《まる》い形《かたち》をしています。地球《ちきゅう》の下《した》にいても人間《にんげん》や車《くるま》が下《した》に落《お》ちていかないのはふしぎですよね。

宇宙飛行士《うちゅうひこうし》が宇宙《うちゅう》でふわふわ浮《う》いているのを見《み》たことはありますか。でも私《わたし》たちが地球上《ちきゅうじょう》でふわふわ浮《う》くことはありません。これは地球《ちきゅう》が私《わたし》たちやものを、目《め》に見《み》えない力《ちから》で引《ひ》っぱっているからです。

少《すこ》しむずかしい話《はなし》ですが、すべてのものには目《め》に見《み》えない引《ひ》っぱる力《ちから》があります。この引《ひ》っぱる力《ちから》のことを「引力《いんりょく》」といいます。なぜ引力《いんりょく》があるのかはまだわかっておらず、もっともむずかしいなぞのひとつです。でもすべてのものに引力《いんりょく》があることだけはわかっています。

すべてのものの引力《いんりょく》が同《おな》じなわけではありません。1グラムのものよりも1キログラムのもののほうが引力《いんりょく》が強《つよ》くなります。1キログラムの

すべてのものに目《め》に見《み》えない引《ひ》っぱる力《ちから》がある！

力《ちから》を加《くわ》えなければものは動《うご》かないよね。
ものが落《お》ちるのは下《した》に引《ひ》っぱる力《ちから》があるからなんだ。

宇宙《うちゅう》から見《み》たら上《うえ》も下《した》もないよ。私《わたし》たちが下《した》だと思《おも》っているのは、地球《ちきゅう》の強《つよ》い引力《いんりょく》で引《ひ》っぱられている方向《ほうこう》のことなんだ。

ものより1000キログラムのもののほうがもっと引力《いんりょく》は強《つよ》くなります。

では地球《ちきゅう》でもっとも引力《いんりょく》が強《つよ》いものはなんでしょうか。それは地《ち》球《きゅう》自体《じたい》です。私《わたし》たちが下《した》と思《おも》っているのは地球《ちきゅう》が私《わたし》たちを引《ひ》っぱっている方向《ほうこう》なのです。地球《ちきゅう》の強《つよ》い引力《いんりょく》によって私《わたし》たちは地球《ちきゅう》に引《ひ》っぱられており、じつは私《わたし》たち自身《じしん》もほんのちょっぴり地球《ちきゅう》を引《ひ》っぱっているのです。（答《こた》え①）

瀧靖之先生の

賢い子を育てるコツ

ニュートンがリンゴから引力《いんりょく》を発見《はっけん》！

ニュートンは子《こ》どものころからしぜんの観察《かんさつ》が大好《だいす》きで、「どうして？」と思《おも》ったことは本《ほん》などでしらべていました。ある日《ひ》、木《き》からリンゴが落《お》ちるのを見《み》て、引力《いんりょく》を発見《はっけん》したそうです。興味《きょうみ》をもつことから大発見《だいはっけん》につながるのです。

うちゅう

33

どうして地球《ちきゅう》は丸《まる》いの？

1
地球《ちきゅう》が回転《かいてん》して出《で》っぱったところが宇宙《うちゅう》に飛《と》んでいったから

2
いん石《せき》が出《で》っぱったところをけずったから

3
地球《ちきゅう》の強《つよ》い重力《じゅうりょく》で出《で》っぱったところがたいらになるから

地《ち》球《きゅう》や月《つき》、火星《かせい》などの惑星《わくせい》は丸《まる》い形《かたち》をしています。でも小惑星《しょうわくせい》たんさ機《き》はやぶさがたんさした「イトカワ」はつぶれたジャガイモのような形《かたち》をしています。イトカワの大《おお》きさはだいたい３５０メートルくらいです。なぜ小《ちい》さい天体《てんたい》は丸《まる》くないのに、地球《ちきゅう》は丸《まる》いのでしょうか。

ものには引力《いんりょく》という力《ちから》がありますが、この引力《いんりょく》のほかに、地球《ちきゅう》が自転《じてん》している力《ちから》が地球上《ちきゅうじょう》にははたらきます。これらの力《ちから》を合《あ》わせた力《ちから》を重《じゅう》力《りょく》といいます。

地球《ちきゅう》のような大《おお》きさの天体《てんたい》は重力《じゅうりょく》が強《つよ》いため、出《で》っぱった部分《ぶぶん》は引《ひ》っぱられてくずれます。反対《はんたい》にへこんでいる部分《ぶぶん》は、重力《じゅうりょく》によって砂《すな》や岩《いわ》が落《お》ちこんでうまります。こうしてある程度《ていど》の重力《じゅうりょく》がある天体《てんたい》は表面《ひょうめん》がたいらになり丸《まる》くなるのです。

イトカワのような小《ちい》さな天体《てんたい》だと重力《じゅうりょく》も弱《よわ》いため、丸《まる》くなることがな

中心《ちゅうしん》に引《ひ》っぱる力《ちから》（重力《じゅうりょく》）が星《ほし》を丸《まる》くする！

重力《じゅうりょく》が弱《よわ》い小《ちい》さな星《ほし》は丸《まる》くならずに
いびつな形《かたち》のままなんだ。

宇宙《うちゅう》は無重力《むじゅうりょく》だけど、地球《ちきゅう》には重力《じゅうりょく》がある。
だから出《で》っぱっているところがだんだんくぼみに落《お》ちて、丸《まる》い形《かたち》になっていくんだ。

くいびつな形《かたち》のままです。ではどのくらいの大《おお》きさがあれば天体《てんたい》は丸《まる》くなるのでしょうか。

天体《てんたい》がなにでできているかによっても重力《じゅうりょく》が変《か》わりますが、直《ちょっ》径《けい》３００キロがひとつの目安《めやす》と考《かんが》えられています。ちなみに３００キロはだいたい東京《とうきょう》から名古屋《なごや》あたりまでの距離《きょり》です。月《つき》の直径《ちょっけい》がだいたい３４００キロですから、ずいぶん小《ちい》さい天体《てんたい》でも丸《まる》くなることになります。（答《こた》え③）

瀧靖之先生の

賢い子を育てるコツ

地球《ちきゅう》が丸《まる》いと気《き》づいたのはだれ？

さいしょに地球《ちきゅう》が丸《まる》いという説《せつ》をとなえたのは、2500年《ねん》ほど前《まえ》、紀元前《きげんぜん》6世紀《せいき》ごろのピタゴラスでした。そして、地《ち》球《きゅう》が丸《まる》いことを証明《しょうめい》したのは、16世紀《せいき》に船《ふね》で地球《ちきゅう》を1周《しゅう》したマゼランです。興味《きょうみ》をもったらしらべてみましょう。

うちゅう

34

どうして太陽《たいよう》は空《そら》を動《うご》いているの？

1
太陽《たいよう》が1日《にち》1周《しゅう》、地球《ちきゅう》のまわりを回《まわ》っているから

2
地球《ちきゅう》が1日《にち》1周《しゅう》、太陽《たいよう》のまわりを回《まわ》っているから

3
地球《ちきゅう》が1日《にち》1回《かい》、回転《かいてん》をしているから

太《たい》陽《よう》や月《つき》は毎日《まいにち》、東《ひがし》からのぼり、西《にし》にしずみます。でも太陽《たいよう》が地《ち》球《きゅう》のまわりを1日《にち》に1周《しゅう》、回《まわ》っているわけではありません。これは地球《ちきゅう》がコマのように1日《にち》に1回転《かいてん》しているからです。これを自転《じてん》といいます。地球《ちきゅう》が生《う》まれるときには、宇宙《うちゅう》をただようたくさんのちりや岩《がん》石《せき》が引力《いんりょく》によって引《ひ》っぱり合《あ》いながら回転《かいてん》して、互《たが》いにくっつき合《あ》って大《おお》きくなっていきました。自転《じてん》はこのときの回転《かいてん》のなごりです。

地球《ちきゅう》が自転《じてん》をしているため、太陽《たいよう》がまるで動《うご》いているように見《み》えてしまうのです。太陽《たいよう》だけではありません。夜空《よぞら》をずっと見《み》ていると星《ほし》も同《おな》じように動《うご》いていることがわかります。でも動《うご》かない星《ほし》もあります。それが北極星《ほっきょくせい》です。地球《ちきゅう》はコマのように回《まわ》っているといいましたが、北《ほっ》極星《きょくせい》はこの地球《ちきゅう》の軸《じく》をずっとのばした方向《ほうこう》にある星《ほし》なので動《うご》いて見《み》えないのです。この北極星《ほっきょくせい》を中心《ちゅうしん》に星《ほし》は時計回《とけいまわ》りに回《まわ》って見《み》えます。

太陽《たいよう》ではなく自分《じぶん》が動《うご》いている？

地球《ちきゅう》が回転《かいてん》しているから
太陽《たいよう》のある位置《いち》が変《か》わるんだ。

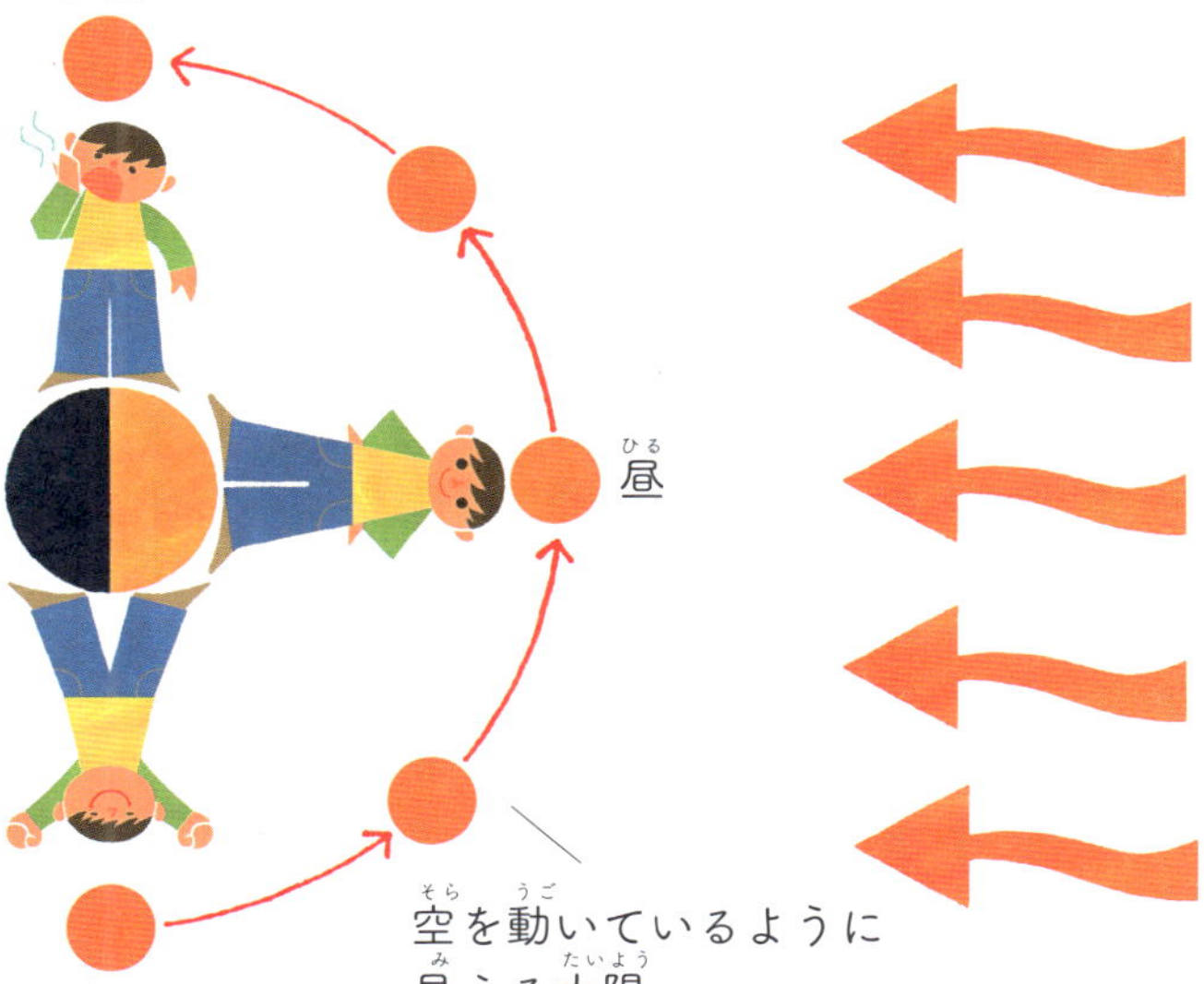

駅《えき》でとなりの電車《でんしゃ》が動《うご》くと自分《じぶん》が乗《の》っている電車《でんしゃ》が走《はし》り出《だ》したように感《かん》じるよね。太陽《たいよう》が動《うご》いて見《み》えるのも同《おな》じかんちがいなんだ。

太陽《たいよう》がまったく動《うご》いていないわけではありません。太陽《たいよう》は、２０００億個《おくこ》もの星《ほし》が集《あつ》まった銀《ぎん》河系《がけい》の星《ほし》のひとつです。太陽《たいよう》はこの銀河系《ぎんがけい》の星々《ほしぼし》といっしょにうずまき状《じょう》に動《うご》いています。そのはやさは１秒間《びょうかん》で２２０キロもすすむものすごいスピードです。でも地球《ちきゅう》も太陽《たいよう》といっしょに動《うご》いているため、太陽《たいよう》と地球《ちきゅう》が離《はな》れ離《ばな》れになってしまうことはありません。

（答《こた》え③）

瀧靖之先生の

賢い子を育てるコツ

地球《ちきゅう》・太陽《たいよう》・月《つき》に興味《きょうみ》をもったら？

グレープフルーツやテニスボールなど、身近《みぢか》にある球体《きゅうたい》を並《なら》べて、位置関係《いちかんけい》を確認《かくにん》してみましょう。工作《こうさく》キットなどをつかって、太陽系《たいようけい》を再現《さいげん》するのもいいと思《おも》います。宇《う》宙《ちゅう》・天体《てんたい》への興味《きょうみ》がもっと広《ひろ》がっていきますよ。

うちゅう

35

どうして冬《ふゆ》になると昼《ひる》が短《みじか》くなるの？

1 地球《ちきゅう》の自転《じてん》の軸《じく》がかたむいているから

2 太陽《たいよう》の力《ちから》が弱《よわ》くなるから

3 地球《ちきゅう》の自転《じてん》のスピードが変《か》わるから

地《ち》球《きゅう》はコマのように1日《にち》に1回転《かいてん》しています。この1回転《かいてん》する軸《じく》を地軸《ちじく》といい、太陽《たいよう》に対《たい》して少《すこ》しかたむいています。また地球《ちきゅう》は太《たい》陽《よう》のまわりを1年《ねん》かけて1周《しゅう》しています。これを公転《こうてん》といいます。

この地軸《ちじく》のかたむきと公転《こうてん》によって、季節《きせつ》によって昼《ひる》の時間《じかん》が変《か》わってしまいます。夏《なつ》のときには太陽《たいよう》に向《む》かってかたむいているために、昼《ひる》の時間《じかん》が長《なが》く、夜《よる》の時間《じかん》が短《みじか》くなります。冬《ふゆ》になると太陽《たいよう》と反対方向《はんたいほうこう》にかたむいているために、昼《ひる》が短《みじか》く、夜《よる》が長《なが》くなるのです。

では夏《なつ》の昼《ひる》が長《なが》いとき、太陽《たいよう》は冬《ふゆ》にくらべてゆっくりと動《うご》いているのでしょうか。空《そら》を動《うご》いて見《み》える太陽《たいよう》のはやさは夏《なつ》でも冬《ふゆ》でも変《か》わりません。夏《なつ》になると太陽《たいよう》は北東《ほくとう》よりの場所《ばしょ》からのぼります。冬《ふゆ》は反対《はんたい》に南東《なんとう》よりの場所《ばしょ》からのぼります。すると、太陽《たいよう》がすすむ道《みち》は、夏《なつ》のほうが冬《ふゆ》よりもずっと長《なが》くなるのです。

季節《きせつ》によって太陽《たいよう》が動《うご》く道《みち》がちがう！

夏《なつ》は北東《ほくとう》より、冬《ふゆ》は南東《なんとう》よりから太陽《たいよう》がのぼるよ。
1年《ねん》をつうじて太陽《たいよう》が動《うご》く道《みち》も少《すこ》しずつ変《か》わるんだ。

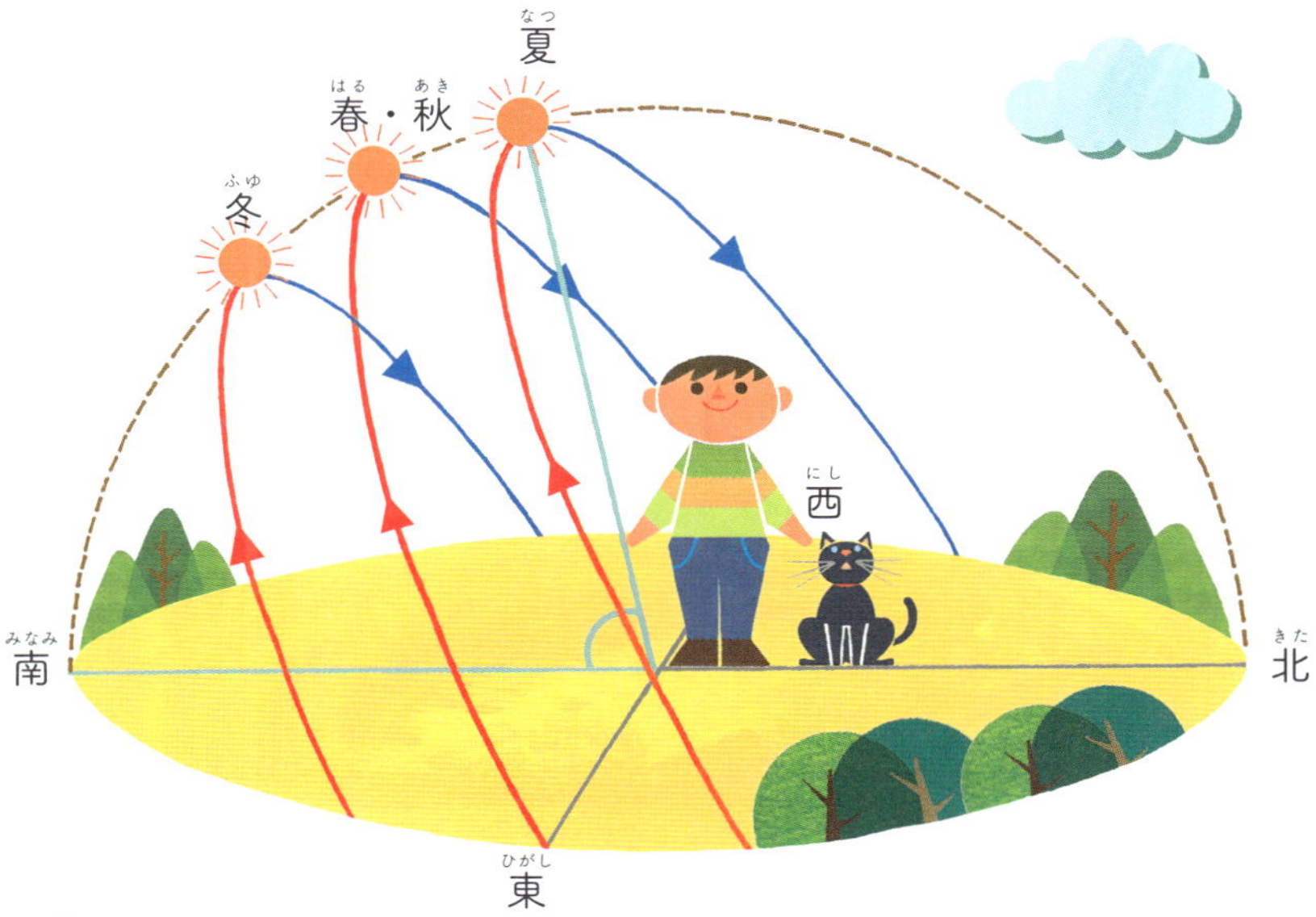

夏至《げし》のときに昼《ひる》がもっとも長《なが》くなり、だんだん昼《ひる》が短《みじか》くなるんだ。そして、冬至《とうじ》のときにもっとも昼《ひる》が短《みじか》くなるよ。

北極《ほっきょく》や南極《なんきょく》では、季節《きせつ》によって白夜《びゃくや》といって1日中《にちじゅう》明《あか》るかったり、極夜《きょくや》といって1日中《にちじゅう》暗《くら》かったりします。このように地球《ちきゅう》の南《なん》北《ぼく》の位置《いち》によっても昼《ひる》の長《なが》さが変《か》わってきます。

地球《ちきゅう》に地軸《ちじく》がなければ、昼《ひる》が12時間《じかん》、夜《よる》が12時間《じかん》になります。また地軸《ちじく》が太陽《たいよう》に向《む》けてまっすぐになると、太陽《たいよう》に向《む》いている片《かた》がわがずっと昼《ひる》、太陽《たいよう》の反対《はんたい》がわがずっと夜《よる》になります。（答《こた》え①）

瀧靖之先生の

賢い子を育てるコツ

昔《むかし》から伝《つた》わる風習《ふうしゅう》を楽《たの》しもう

日本《にほん》では、1年《ねん》でいちばん昼《ひる》が短《みじか》い1日《にち》を「冬至《とうじ》」といって、昔《むかし》から伝《つた》わる風習《ふうしゅう》を楽《たの》しみます。ゆず湯《ゆ》に入《はい》ったり、かぼちゃを食《た》べたり、地域《ちいき》によってさまざまです。みなさんが住《す》む地域《ちいき》には、どんな風習《ふうしゅう》がありますか？

うちゅう

36

どうして月《つき》はついてくるの？

1

目《め》と脳《のう》がかんちがいしているため

2

移動《いどう》している方向《ほうこう》に月《つき》が動《うご》いているため

3

月《つき》の映像《えいぞう》を脳《のう》が覚《おぼ》えているため

車《くるま》や電車《でんしゃ》に乗《の》っているときに月《つき》を見《み》ていると、まるで自分《じぶん》についてきているように見《み》えます。車《くるま》や電車《でんしゃ》が止《と》まると月《つき》も止《と》まります。もちろん月《つき》があなたについてきているわけではありません。

これは月《つき》があまりに遠《とお》くにあるために、目《め》と脳《のう》がかんちがいをしておこる現象《げんしょう》です。このような目《め》と脳《のう》のかんちがいを錯覚《さっかく》といいます。

月《つき》ではなくほかの建物《たてもの》を見《み》てみるとどうでしょうか。電車《でんしゃ》に乗《の》っているときに窓《まど》の外《そと》を見《み》てみると、手前《てまえ》の建物《たてもの》ははやく動《うご》いているように見《み》えて、次々《つぎつぎ》に見《み》えなくなっていきます。反対《はんたい》に遠《とお》くにある建物《たてもの》はゆっくりと動《うご》いているように見《み》えます。でもいくら電車《でんしゃ》が動《うご》いても月《つき》の位置《いち》や大《おお》きさは変《か》わりません。移動《いどう》をして見《み》えている風景《ふうけい》が変《か》わっているのに月《つき》は同《おな》じ方向《ほうこう》に同《おな》じ大《おお》きさであるために、まるでいつまでもついてきているように見《み》えるのです。

月《つき》がおいかけてくるのは脳《のう》のかんちがい！

月《つき》はとても遠《とお》くにあるから
見《み》える方向《ほうこう》や大《おお》きさは変《か》わらないんだ。

窓《まど》の外《そと》の風景《ふうけい》は変《か》わるけど、つりかわは同《おな》じところにあるよね。月《つき》もいつも同《おな》じ方向《ほうこう》に見《み》えるからついてきているように感《かん》じるんだ。

どうして月《つき》の方向《ほうこう》や大《おお》きさは変《か》わらないかというと、月《つき》が地球《ちきゅう》から38万《まん》キロも離《はな》れているからです。だから数《すう》キロくらい移動《いどう》しても月《つき》はほとんど同《おな》じ大《おお》きさ、同《おな》じ方向《ほうこう》に見《み》えます。昼《ひる》だったら雲《くも》を見《み》てみましょう。雲《くも》を見《み》て歩《ある》くとついてくるように見《み》えます。でも車《くるま》や電車《でんしゃ》ではやく動《うご》くと雲《くも》はついてくるようには見《み》えなくなります。これは雲《くも》が月《つき》よりも近《ちか》いところにあるからです。（答《こた》え①）

瀧靖之先生の

賢い子を育てるコツ

「月食《げっしょく》」を観察《かんさつ》しよう

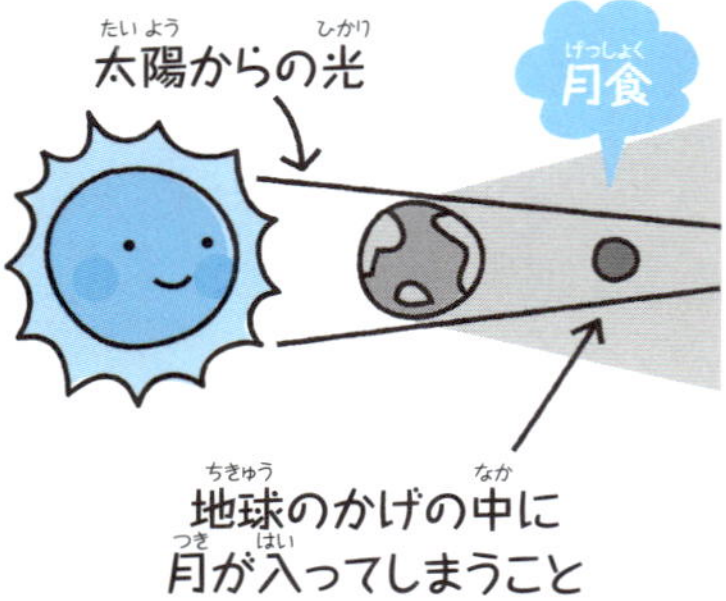

月食《げっしょく》とは、太陽《たいよう》・地球《ちきゅう》・月《つき》の順番《じゅんばん》で天体《てんたい》が一直線《いっちょくせん》に並《なら》び、月《つき》の一部《いちぶ》または全部《ぜんぶ》が見《み》えなくなる現象《げんしょう》です。月食《げっしょく》は満月《まんげつ》のときにおこります。月《つき》が見《み》える場所《ばしょ》であれば地球《ちきゅう》のどこにいても観測《かんそく》できます。ぜひ観察《かんさつ》しましょう。

うちゅう

37

どうして星《ほし》は小《ちい》さいの？

1 太陽《たいよう》よりも小《ちい》さいから

2 とても遠《とお》くにあるから

3 太陽《たいよう》よりも光《ひか》る力《ちから》が弱《よわ》いから

地《ち》球《きゅう》にもっとも近《ちか》い星《ほし》は月《つき》です。でもその月《つき》も親指《おやゆび》でかくれてしまうくらい小《ちい》さく見《み》えます。これは月《つき》がとても遠《とお》くにあるからです。同《おな》じ大《おお》きさのものでも、近《ちか》くにあるものは大《おお》きく、遠《とお》くにあるものは小《ちい》さく見《み》えます。月《つき》は地球《ちきゅう》からだいたい38万《まん》キロ離《はな》れています。地球《ちきゅう》１周《しゅう》の距離《きょり》がだいたい４万《まん》キロですので、地球《ちきゅう》10周分《しゅうぶん》も遠《とお》く離《はな》れていることになります。

太陽《たいよう》と月《つき》は同《おな》じくらいの大《おお》きさに見《み》えます。太陽《たいよう》の直径《ちょっけい》はだいたい月《つき》の４００倍《ばい》もあります。でも地球《ちきゅう》と太陽《たいよう》の距離《きょり》はだいたい１億《おく》５０００万《まん》キロもあり、地球《ちきゅう》と月《つき》の距離《きょり》のだいたい４００倍《ばい》あります。太陽《たいよう》と月《つき》の大《おお》きさはまったくちがうのに、同《おな》じ大《おお》きさに見《み》えるのは、地球《ちきゅう》からの距離《きょり》がちがうからなのです。

夜空《よぞら》に見《み》える星《ほし》には、太陽《たいよう》よりもはるかに大《おお》きい星《ほし》がたくさんありま

目《め》で見《み》える星《ほし》のほとんどは太陽《たいよう》より大《おお》きい！

オリオン座《ざ》のペテルギウスの大《おお》きさは太陽《たいよう》の1000倍《ばい》。
でもとても遠《とお》いから小《ちい》さく見《み》えるよ。

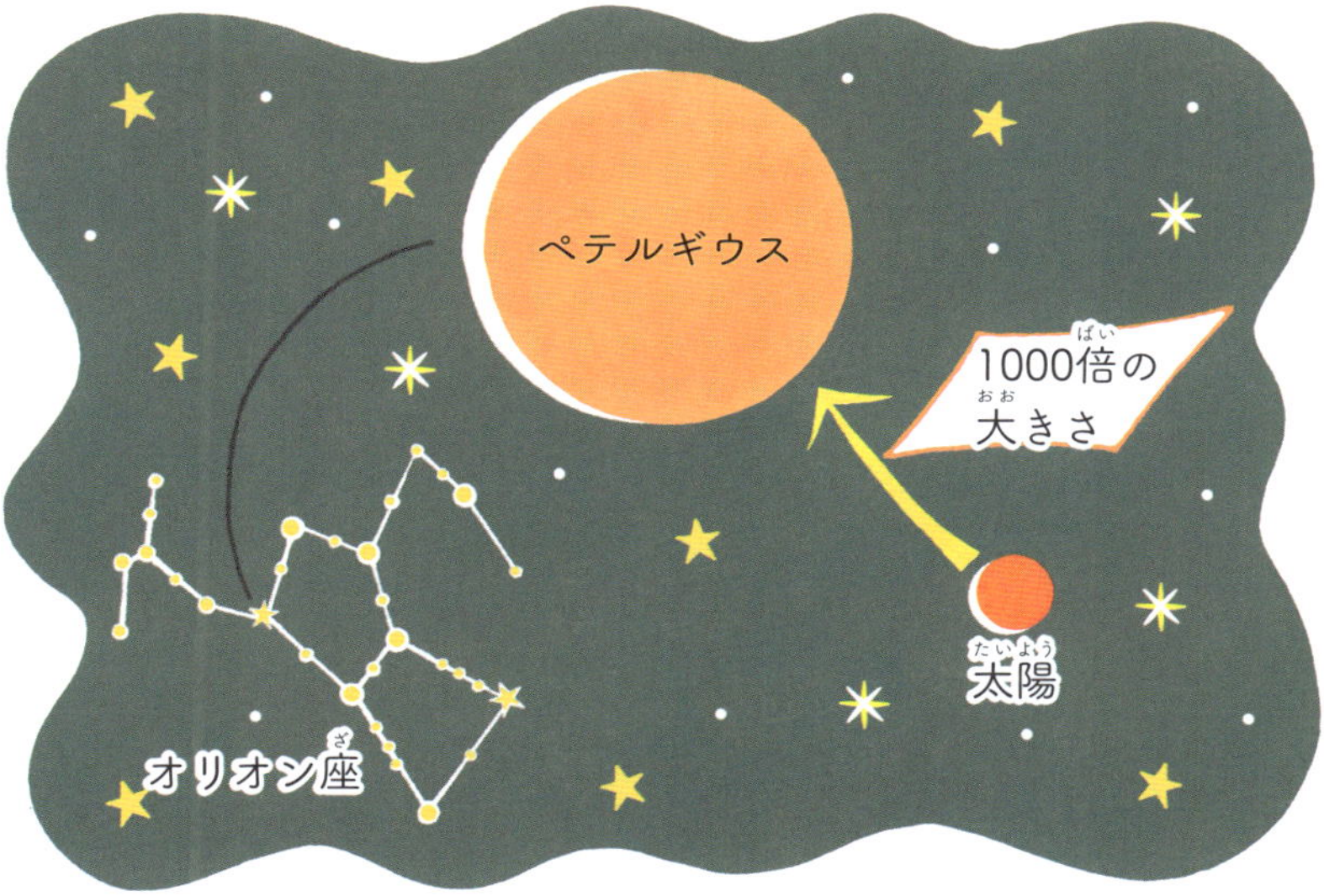

ペテルギウスまでは光《ひかり》のはやさで640年《ねん》もかかるよ。640年《ねん》かけて地球《ちきゅう》に届《とど》いたペテルギウスの光《ひかり》はとても弱《よわ》くなっているんだ。

す。しかし、はるか遠《とお》くにあるため小《ちい》さく見《み》えるのです。

夜空《よぞら》にはたくさんの星《ほし》がありますが、これらの星《ほし》はとても遠《とお》くにあります。オリオン座《ざ》のペテルギウスという星《ほし》は、太陽《たいよう》の1000倍《ばい》もの大《おお》きさがあり、直径《ちょっけい》はなんと14億《おく》キロです。でも夜空《よぞら》では光《ひかり》の点《てん》にしか見《み》えません。それはペテルギウスが6000兆《ちょう》キロという、気《き》の遠《とお》くなるような距離《きょり》にあるからです。（答《こた》え②）

瀧靖之先生の

賢い子を育てるコツ

星《ほし》はいったいいくつあるの?

望遠鏡《ぼうえんきょう》などをつかわずに目《め》で見《み》える星《ほし》は約《やく》8600個《こ》ですが、地球《ちきゅう》のある銀河系《ぎんがけい》には2000億《おく》～4000億個《おくこ》の星《ほし》があるそうです。そして、宇宙《うちゅう》には銀河系《ぎんがけい》のような銀河《ぎんが》が1000億《おく》個以上《こいじょう》もあると考《かんが》えられています。数《かぞ》えきれませんね！

うちゅう

38

どうして昼《ひる》には星《ほし》が見《み》えないの？

1 昼間《ひるま》の空《そら》の方向《ほうこう》に星《ほし》がないから

2 太陽《たいよう》の光《ひかり》がとても強《つよ》いから

3 空《そら》の星《ほし》が移動《いどう》しているから

朝《あさ》になって太陽《たいよう》がのぼっても月《つき》が見《み》えることがありますよね。でも太陽《たいよう》が空《そら》にあるときには星《ほし》が見《み》えることはありません。星《ほし》はいったいどこにいってしまったのでしょうか。

星《ほし》は太陽《たいよう》がのぼるのといっしょにどこかに移動《いどう》してしまったわけでも、なくなってしまったわけでもありません。宇宙《うちゅう》には数《かぞ》えきれないほどの星《ほし》があり、地球《ちきゅう》から見《み》るすべての方角《ほうがく》に星《ほし》があります。でも人間《にんげん》の目《め》で見《み》える星《ほし》はとても遠《とお》くにあるために、光《ひかり》が強《つよ》くありません。そのため、太陽《たいよう》の光《ひかり》に負《ま》けてしまって見《み》えなくなるのです。

たとえば、夜《よる》にビルを見《み》ると、電気《でんき》がついているへやがはっきりとわかりますが、昼間《ひるま》ではへやの電気《でんき》がついているか消《き》えているかはよくわかりません。太陽《たいよう》の光《ひかり》の力《ちから》が強《つよ》いために、へやの電気《でんき》の光《ひかり》がよくわからなくなるためです。

太陽《たいよう》の光《ひかり》が星《ほし》の光《ひかり》を見《み》えなくさせる！

昼《ひる》にへやの電気《でんき》がついていても
わからないように昼《ひる》に星《ほし》は見《み》えないんだ。

太陽《たいよう》の明《あか》るさは夜空《よぞら》の星《ほし》の1200億《おく》倍《ばい》以《い》上《じょう》もあるよ。昼《ひる》は太陽《たいよう》の光《ひかり》で、はるか遠《とお》くの星《ほし》から来《き》た弱《よわ》い光《ひかり》が見《み》えなくなってしまうんだ。

満月《まんげつ》の夜《よる》には、月《つき》からの光《ひかり》がとても強《つよ》いので、三日月《みかづき》の夜《よる》よりも見《み》える星《ほし》の数《かず》は少《すく》なくなります。また光《ひかり》がたくさんある大《おお》きな町《まち》ではあまり星《ほし》は見《み》えませんが、山《やま》の中《なか》では、たくさんの星《ほし》が見《み》えます。

じつは昼《ひる》でも見《み》える星《ほし》があります。それが金星《きんせい》です。金星《きんせい》は地《ち》球《きゅう》から近《ちか》いために、金星《きんせい》からの光《ひかり》が昼間《ひるま》でも見《み》えるのです。火星《かせい》も地球《ちきゅう》に近《ちか》いですが小《ちい》さいためによく見《み》えません。（答《こた》え②）

瀧靖之先生の

賢い子を育てるコツ

星《ほし》にはどんな種類《しゅるい》があるの？

星《ほし》そのものがエネルギーをもち光《ひか》っているものが「恒星《こうせい》」、恒星《こうせい》のまわりを回《まわ》り、自分自《じぶんじ》身《しん》で光《ひか》っていない星《ほし》を「惑星《わくせい》」といいます。太陽《たいよう》は恒星《こうせい》、そして太陽《たいよう》のまわりを回《まわ》っている地球《ちきゅう》は惑星《わくせい》です。夜空《よぞら》に見《み》える星《ほし》はほとんど恒星《こうせい》です。

うちゅう

39

宇宙《うちゅう》にはだれでも行《い》けるの？

1 だれでも行《い》ける

2 もうすぐ行《い》けるようになる

3 宇宙《うちゅう》に行《い》くことは禁《きん》止《し》されている

これまで宇宙《うちゅう》に行《い》った人《ひと》は550人以上《にんいじょう》います。しかし、地球《ちきゅう》に住《す》んでいる人間《にんげん》の数《かず》を考《かんが》えるとほんの一部《いちぶ》の人《ひと》しか宇宙《うちゅう》には行《い》ったことがないことになります。今《いま》、人間《にんげん》が宇宙《うちゅう》に行《い》けるロケットのひとつに、ロシアのソユーズがあります。このソユーズが何人乗《なんにんの》りかというと、たった3人《にん》です。飛行機《ひこうき》にくらべるとずいぶん少《すく》ないですよね。

宇宙《うちゅう》へ行《い》くためには1秒間《びょうかん》で7・9キロもすすむほどのスピードが必要《ひつよう》です。これは東京《とうきょう》から大阪《おおさか》までだいたい1分《ふん》で行《い》けてしまうものすごいスピードです。そのためロケットは強力《きょうりょく》なエンジンとたくさんの燃《ねん》料《りょう》をつんでいます。そしてそのほとんどがつかいすてです。ひとりを宇《う》宙《ちゅう》へ運《はこ》ぶのに何十億円《なんじゅうおくえん》ものお金《かね》がかかってしまうのです。

でも将来《しょうらい》はもっとかんたんに宇宙《うちゅう》へ行《い》けるようになるかもしれません。ソユーズにかわる新《あたら》しいロケットの開発《かいはつ》がすすんでいます。ロケッ

宇宙《うちゅう》に行《い》くには何十億円《なんじゅうおくえん》もかかる？

高価《こうか》なつかいすてのロケットとたくさんの燃料《ねんりょう》が
必要《ひつよう》だから宇宙《うちゅう》には気軽《きがる》に行《い》けないんだ。

宇宙《うちゅう》エレベーター　　スペースシップ2《ツー》

今《いま》宇宙《うちゅう》に行《い》く方法《ほうほう》はロケットしかないけど、
宇宙《うちゅう》までつなげたエレベーターや飛行機《ひこうき》から
打《う》ち上《あ》げる宇宙船《うちゅうせん》などが考《かんが》えられているよ。

ト以外《いがい》にも、数分間《すうふんかん》だけ宇宙空《うちゅうくう》間《かん》に行《い》けるスペースシップ2《ツー》という飛行機《ひこうき》のような乗《の》り物《もの》の完成《かんせい》は間近《まぢか》です。これには宇宙飛行士《うちゅうひこうし》ではない人《ひと》も乗《の》ることができる予《よ》定《てい》です。宇宙《うちゅう》の基地《きち》と地上《ちじょう》をチューブのようなものでつなげて、エレベーターで結《むす》ぶということも考《かんが》えられています。あなたが大人《おとな》になるころには宇宙《うちゅう》に気軽《きがる》に行《い》ける時代《じだい》になっているかもしれませんね。（答《こた》え②）

瀧靖之先生の

賢い子を育てるコツ

人類《じんるい》ではじめて宇宙《うちゅう》に行《い》った人《ひと》は？

ユーリイ・ガガーリン
1934 - 1968

ソビエト連邦《れんぽう》（現《げん》ロシア）のユーリイ・ガガーリンという宇宙飛行士《うちゅうひこうし》です。パイロットとして飛行機《ひこうき》で空《そら》を飛《と》ぶ楽《たの》しさを知《し》ったガガーリンは、きびしい訓練《くんれん》を受《う》け、1961年《ねん》、ボストーク1号《ごう》で地球《ちきゅう》を1周《しゅう》しました。

おばけ

40

おばけって本《ほん》当《とう》にいるの？

1 たくさんのおばけの話《はなし》があるから、いる

2 だれかがなにかをおばけと思《おも》いこんだだけ

3 いるのかいないのか、よくわからない

おばけはゆうれいや妖怪《ようかい》など、こわいものをひとまとめにしたいいかたです。ゆうれいは死《し》んだ人《ひと》のたましいのすがた、妖怪《ようかい》は人《ひと》の想像《そうぞう》がつかないふしぎな力《ちから》をもつ生《い》き物《もの》のことです。おばけがいるかどうかを証明《しょうめい》することはとてもむずかしい問題《もんだい》です。

おばけの話《はなし》は世界中《せかいじゅう》のあちこちに伝《つた》わっていて、実際《じっさい》におばけを見《み》たという人《ひと》はたくさんいます。そんな話《はなし》を聞《き》いておばけの存在《そんざい》を信《しん》じる人《ひと》は多《おお》いかもしれません。でももしかしたら、風《かぜ》にゆれる木《き》のかげや暗闇《くらやみ》にまぎれたなにかを、おばけとかんちがいしてしまった人《ひと》もいるのかもしれません。

おばけはこうすれば絶対《ぜったい》に見《み》えるということはありません。たとえば、たましいは、私《わたし》たちが生《い》きているときには体《からだ》に宿《やど》り、体《からだ》とは別《べつ》に心《こころ》のはたらきを受《う》けもっているとされます。死《し》んだあとは、体《からだ》から離《はな》れて存在《そんざい》

おばけを見《み》たという人《ひと》は世界中《せかいじゅう》にいる！

おばけが本当《ほんとう》にいるかはわからないけど
世界《せかい》にはたくさんのおばけの話《はなし》があるよ。

おばけとひとことでいっても、死《し》んだ人《ひと》のゆうれいやおそろしいすがたの怪物《かいぶつ》、もともとべつのものだったばけものなどがいるよ。

しつづけることができると考《かんが》える人《ひと》もいます。

でも、死《し》んだあとのたましいの存在《そんざい》や、人間《にんげん》は死《し》んだらどうなるのかということは、残念《ざんねん》ながら生《い》きている人《ひと》にはわかりません。

また、妖怪《ようかい》は伝説上《でんせつじょう》のものが多《おお》く、おばけの話《はなし》を集《あつ》めた本《ほん》でしか妖怪《ようかい》の姿《すがた》を見《み》ることはできません。そのため、おばけの存在《そんざい》を証《しょう》明《めい》することはとてもむずかしいのです。（答《こた》え③）

瀧靖之先生の

賢い子を育てるコツ

おばけの絵本《えほん》を読《よ》んでみよう

こわそうなおばけから、かわいいおばけ、ゆうれいや妖怪《ようかい》まで、おばけが登場《とうじょう》する絵本《えほん》はたくさんあります。こわそうに読《よ》んだり、おもしろおかしく読《よ》んだり、いろいろな読《よ》みかたをして、おばけの世界《せかい》を楽《たの》しんでみましょう。

おばけ

41

日本《にほん》のおばけにはどんなのがいるの？

1 天狗《てんぐ》やからかさ小僧《こぞう》など

2 オオカミ男《おとこ》や吸血鬼《きゅうけつき》など

3 ネッシーや雪男《ゆきおとこ》など

日《に》本《ほん》では、つかい古《ふる》した道具《どうぐ》や長生《ながい》きした動物《どうぶつ》が妖怪《ようかい》になると信《しん》じられています。妖怪《ようかい》の定番《ていばん》、からかさ小僧《こぞう》やちょうちんおばけは古《ふる》くなった道具《どうぐ》が妖怪《ようかい》になったものです。首《くび》が長《なが》くのびるろくろ首《くび》やひとつ目《め》小僧《こぞう》とともに、知《し》っている人《ひと》も多《おお》いかもしれません。

妖怪《ようかい》とはふしぎな力《ちから》をもち人間《にんげん》にはできないようなことを引《ひ》きおこす存在《そんざい》です。古《ふる》い伝説《でんせつ》に登場《とうじょう》するのは鬼《おに》や大蛇《だいじゃ》、天狗《てんぐ》や河童《かっぱ》などの妖怪《ようかい》が多《おお》いようです。『古事記《こじき》』という日本《にほん》でもっとも古《ふる》い本《ほん》にも8つの頭《あたま》と8つの尾《お》をもつヤマタノオロチという大蛇《だいじゃ》のような怪物《かいぶつ》が出《で》てきます。

また、日本《にほん》の昔話《むかしばなし》にもなっている雪女《ゆきおんな》ややまんばも妖怪《ようかい》の仲間《なかま》です。どちらの妖怪《ようかい》も出会《であ》った人《ひと》をこおらせたり食《た》べてしまったりするこわい存在《そんざい》ですが、やまんばは地方《ちほう》によってはお金《かね》もちにしてくれる神様《かみさま》とされることもあります。ほかに、見《み》ると幸《しあわ》せになれるといわれる妖怪《ようかい》には、

日本《にほん》のおばけはいいこともする！

日本《にほん》に残《のこ》っているもっとも古《ふる》い本《ほん》にも
怪物《かいぶつ》や妖怪《ようかい》が出《で》てくるよ。

日本《にほん》にはたくさんのおばけの話《はなし》が伝《つた》わっているよ。おばけは悪《わる》さをするだけじゃなくて、人《ひと》を幸《しあわ》せにするお話《はなし》も多《おお》くあるんだ。

おかっぱ頭《あたま》の女《おんな》の子《こ》・座敷《ざしき》わらしがいます。

ばけて人間《にんげん》をだます動物《どうぶつ》としてはキツネやタヌキが有名《ゆうめい》です。玉《たま》藻前《ものまえ》というとても美《うつく》しい女《おんな》の人《ひと》は、九尾《きゅうび》のキツネという妖怪《ようかい》だったといいます。

人間《にんげん》に悪《わる》さをするキツネも、じつは神様《かみさま》のおつかいとしてお稲荷《いなり》さんにまつられてもいます。幸《しあわ》せを運《はこ》ぶ妖怪《ようかい》もいるなんておもしろいですね。（答《こた》え①）

瀧靖之先生の

賢い子を育てるコツ

おばけの話《はなし》はどのくらい昔《むかし》からあった？

日本《にほん》に伝《つた》わるおばけの話《はなし》は、約《やく》1200年前《ねんまえ》の奈良時代《ならじだい》から平安時代《へいあんじだい》のものがいちばん古《ふる》いようです。死《し》んだ人《ひと》がゆうれいになってあらわれる話《はなし》がおしばいで演《えん》じられるようになったのは約《やく》600年前《ねんまえ》の室町《むろまち》時代《じだい》からです。

おばけ

42

世界《せかい》のおばけにはどんなのがいるの？

1 宇宙人《うちゅうじん》やUFO《ユーフォー》など

2 オオカミ男《おとこ》や吸血鬼《きゅうけつき》など

3 ネッシーや雪男《ゆきおとこ》など

オオカミ男《おとこ》、吸血鬼《きゅうけつき》、キュクロプス、フランケンシュタイン、ミイラ男《おとこ》……。これらは「怪物《かいぶつ》（モンスター）」といわれるものです。おばけやしきやきもだめしなどで見《み》たことがある人《ひと》もいるのではないでしょうか。そのほとんどは伝説上《でんせつじょう》の生《い》き物《もの》ですが、中《なか》には小説《しょうせつ》や映画《えいが》の中《なか》から生《う》まれたものもあります。

たとえば、オオカミ男《おとこ》はヨーロッパ各地《かくち》に伝《つた》わる怪物《かいぶつ》で、満月《まんげつ》の夜《よる》にオオカミに変身《へんしん》して人間《にんげん》や家畜《かちく》をおそうといわれています。吸血鬼《きゅうけつき》は世界各国《せかいかっこく》にいい伝《つた》えがあり、長《なが》いきばで人《ひと》の生《い》き血《ち》をすう怪物《かいぶつ》です。キュクロプスはギリシャ神話《しんわ》に登場《とうじょう》するひとつ目《め》の野蛮《やばん》な巨人《きょじん》です。フランケンシュタインは皮《ひ》ふに縫《ぬ》い目《め》のある大《おお》きな人造人間《じんぞうにんげん》で、イギリスの小説家《しょうせっか》によって生《う》み出《だ》されました。全身《ぜんしん》を包帯《ほうたい》でぐるぐる巻《ま》きにしたミイラ男《おとこ》は、アメリカ映画《えいが》から生《う》まれたといわれています。

外国《がいこく》のおばけは人間《にんげん》にとっておそろしい存在《そんざい》！

外国《がいこく》にもたくさんのおばけがいるけど
人間《にんげん》をおそうこわいものが多《おお》いよ。

満月《まんげつ》の夜《よる》に変身《へんしん》するオオカミ男《おとこ》、ギリシャ神《しん》話《わ》に出《で》てくるひとつ目《め》の巨人《きょじん》キュクロプス、人間《にんげん》の血《ち》をすう吸血鬼《きゅうけつき》などが有名《ゆうめい》だよ。

ほかにもアフリカにルーツをもつという死体《したい》のままよみがえった人間《にんげん》のゾンビ、中国版《ちゅうごくばん》ゾンビのキョンシーなどがいます。

また、怪物《かいぶつ》とは少《すこ》しちがいますが魔女《まじょ》もこわい存在《そんざい》といえるでしょう。魔女《まじょ》はヨーロッパに伝《つた》わるふしぎな力《ちから》をもっている女《おんな》の人《ひと》です。魔法《まほう》をつかって人間《にんげん》や家畜《かちく》に害《がい》を与《あた》えると信《しん》じられていました。世界《せかい》のおばけ、あなたはいくつ知《し》っていましたか？（答《こた》え②）

瀧靖之先生の

賢い子を育てるコツ

ハロウィンで仮装《かそう》を楽《たの》しもう

ハロウィンの風習《ふうしゅう》は、アイルランドのジャック・オー・ランタンのいい伝《つた》えから生《う》まれました。日本《にほん》でも、子《こ》どもがおばけや魔女《まじょ》に仮装《かそう》してお菓《か》子《し》をもらいに家々《いえいえ》を訪《おとず》れる行《ぎょう》事《じ》としておなじみです。どんな仮装《かそう》をしてみたいですか？

おばけ

43

どうしておばけが見《み》える人《ひと》と見《み》えない人《ひと》がいるの？

1 おばけを信《しん》じる人《ひと》と信《しん》じない人《ひと》がいるから

2 おばけがあらわれるタイミングがあるから

3 目《め》がいい人《ひと》にしか見《み》えないから

あなたはおばけを見《み》たことがありますか？　おばけを見《み》たことがあるという人《ひと》は世界中《せかいじゅう》にいます。でも、おばけがいるのかいないのか、実際《じっさい》のところはよくわかっていません。ただ、おばけがいると思《おも》っている人《ひと》のほうが、いないと思《おも》っている人《ひと》よりも、おばけを見《み》ることが多《おお》いようです。

なぜなら、おばけを信《しん》じてこわがりすぎると風《かぜ》にゆれる木《き》の葉《は》をゆうれいとかんちがいしたりするなど、なんでもおばけと思《おも》いこんでしまうことがあるからです。また、相手《あいて》のことを強《つよ》く思《おも》っているとふしぎな体《たい》験《けん》をする場合《ばあい》もあります。親《した》しい人《ひと》が亡《な》くなった人《ひと》の中《なか》には、ゆめの中《なか》や夜《よる》にその人《ひと》のゆうれいが会《あ》いに来《き》たという人《ひと》もいるのです。

ところで、れい感《かん》が強《つよ》い人《ひと》はおばけを見《み》ることが多《おお》いといわれています。れい感《かん》とは目《め》に見《み》えないものをピン！と感《かん》じ取《と》る力《ちから》のことです。も

おばけを信《しん》じていると見《み》えやすくなる？

子《こ》どもは大人《おとな》より感《かん》じる力《ちから》が強《つよ》いから
おばけを見《み》やすいんだ。

こわいと思《おも》っているとちがうものをおばけだと思《おも》うこともあるよ。大人《おとな》はおばけをあまり信《しん》じないから見《み》えにくいのかもね。

ともと生《う》まれたときからすべての人《ひと》がもっている力《ちから》といわれていますが、このれい感《かん》も本当《ほんとう》にあるかはわかっていません。でも、感《かん》じる力《ちから》が強《つよ》い子《こ》どものほうがふしぎな体験《たいけん》をしやすいようです。

おばけを信《しん》じる人《ひと》や思《おも》いの強《つよ》い人《ひと》などはおばけが見《み》えやすいのかもしれません。おばけを信《しん》じない人《ひと》はなにを見《み》ても見《み》まちがいだと思《おも》うので、おばけが見《み》えにくいのかもしれませんね。（答《こた》え①）

瀧靖之先生の

賢い子を育てるコツ

おばけやしきにはいろいろある！

おばけと、おばけの出《で》そうな場所《ばしょ》をつくったものが「おばけやしき」です。遊園地《ゆうえんち》やテーマパークでは、通路《つうろ》を歩《ある》くウォークスルー型《がた》、乗《の》り物《もの》ですすむライド型《がた》、映像《えいぞう》を観《み》るシアター型《がた》など、いろいろな形式《けいしき》でおばけに出会《であ》えます。

おばけ

44

地《じ》獄《ごく》ってあるの？

1. 地《じ》獄《ごく》はある
2. 地《じ》獄《ごく》はない
3. はっきりとわかっていない

地《じ》獄《ごく》とは、生《い》きているときに悪《わる》いことをした人《ひと》が、死《し》んだあとに苦《くる》しみを受《う》ける世界《せかい》のことをいいます。死《し》んでしまったら人《ひと》は話《はな》すことができませんから、地獄《じごく》が本当《ほんとう》にあるかどうかはだれにもわかりません。

しかし、仏教《ぶっきょう》やキリスト教《きょう》をはじめ、世界中《せかいじゅう》の多《おお》くの宗教《しゅうきょう》では地獄《じごく》について伝《つた》えています。たとえば、仏教《ぶっきょう》には地獄《じごく》と極楽《ごくらく》（天国《てんごく》）の考《かんが》えがあり、悪《わる》い人間《にんげん》が落《お》ちる地獄《じごく》と仏様《ほとけさま》が住《す》む極楽《ごくらく》を描《えが》いた絵《え》が日本全国《にほんぜんこく》のお寺《てら》などに残《のこ》されています。

その地獄絵図《じごくえず》によると、人《ひと》は死《し》ぬと地獄《じごく》のえんま様《さま》に生《い》きていたときにした悪《わる》いことによっていろいろな世界《せかい》に連《つ》れて行《い》かれます。地獄《じごく》はもっとも悪《わる》いことをした人《ひと》が行《い》く世界《せかい》。煮《に》えたぎる熱湯《ねっとう》で苦《くる》しむ地獄《じごく》や燃《も》えさかる火《ひ》、剣《つるぎ》の山《やま》で苦《くる》しむ地獄《じごく》などがあり、長《なが》い時間《じかん》を地獄《じごく》で過《す》ご

悪《わる》いことをたくさんすると地獄《じごく》に落《お》ちる？

死《し》んだあとのことはわからないけど
世界《せかい》には地獄《じごく》の話《はなし》がたくさんあるよ。

生《い》きていれば楽《たの》しいことがあるよね。地獄《じごく》が
こわいところなのはつらいことだけが終《お》わる
ことなくつづくからなんだ。

さなくてはなりません。

また、えんま様《さま》は地獄《じごく》の門番《もんばん》ともいわれ、生《い》きていたときの行《おこな》いをすべてお見通《みとお》しの神様《かみさま》です。「うそをつくとえんま様《さま》に舌《した》を抜《ぬ》かれる」といったりしますが、これは、うそはいけないといういましめのことばでもあるのです。

地獄《じごく》が本当《ほんとう》にあったらこわいですよね。地獄《じごく》のあるなしにかかわらず、みんなにやさしくしたいものですね。（答《こた》え③）

瀧靖之先生の

賢い子を育てるコツ

本《ほん》で地獄《じごく》を感《かん》じてみよう

行《い》きたくないけれど、どんなにこわいのか、「地獄《じごく》」の世《せ》界《かい》をのぞいてみましょう。『絵本《えほん》 地獄《じごく》』（風濤社《ふうとうしゃ》）は江《え》戸時代《どじだい》に描《えが》かれた絵《え》がおどろおどろしい一冊《いっさつ》です。芥川《あくたがわ》龍之介《りゅうのすけ》の『くもの糸《いと》』も地《じ》獄《ごく》の様子《ようす》がよくわかります。

おばけ

45

どうして日本《にほん》のお墓《はか》と世界《せかい》のお墓《はか》はちがうの？

1 法《ほう》りつでお墓《はか》の形《かたち》がきまっているから

2 宗教《しゅうきょう》によってちがうから

3 たまたま同《おな》じようなお墓《はか》が多《おお》かっただけ

お盆《ぼん》などでご先祖《せんぞ》のお墓《はか》まいりに行《い》くといろいろな形《かたち》のお墓《はか》があります。そして、日本《にほん》のお墓《はか》と海外《かいがい》のお墓《はか》もちょっとちがいます。

これは、お墓《はか》は宗教《しゅうきょう》によって形《かたち》がちがうからなのです。

日本《にほん》では仏教《ぶっきょう》の家《いえ》が多《おお》いので、お墓《はか》には死《し》んだ人《ひと》や家《いえ》のご先祖《せんぞ》を大切《たいせつ》にするという考《かんが》えかたがあります。もっともよく見《み》かけるのは和型《わがた》と呼《よ》ばれる四角《しかく》い石《いし》の柱《はしら》のお墓《はか》です。墓石《ぼせき》の下《した》を蓮《はす》の花《はな》のようにデザインすることもあります。墓石《ぼせき》の正面《しょうめん》には家《いえ》の名前《なまえ》をきざむことが多《おお》いですが、お経《きょう》をきざむ場合《ばあい》もあり、それは仏教《ぶっきょう》の種類《しゅるい》によってちがいます。

お寺《てら》だけではなくて神社《じんじゃ》のお墓《はか》もあります。神社《じんじゃ》の場合《ばあい》は墓石《ぼせき》の頭《あたま》の部分《ぶぶん》を少《すこ》しとがらせたものが多《おお》いようです。墓石《ぼせき》には「〇〇家奥津城《けおくつき》」ときざみます。

また、外人墓地《がいじんぼち》で見《み》かけるような墓石《ぼせき》を横《よこ》に置《お》いた形《かたち》は宗教《しゅうきょう》に関係《かんけい》が

お墓《はか》の形《かたち》は宗教《しゅうきょう》や文化《ぶんか》によって変《か》わる！

同《おな》じ宗教《しゅうきょう》だったら日本《にほん》でも
外国《がいこく》のお墓《はか》と同《おな》じ形《かたち》のこともあるよ。

世界《せかい》にはお墓《はか》をつくらない宗教《しゅうきょう》もあるよ。その国《くに》の文化《ぶんか》やその人《ひと》が信《しん》じる宗教《しゅうきょう》、考《かんが》えかたによってお墓《はか》の形《かたち》は変《か》わるんだ。

なく、好《す》きな言葉《ことば》をきざむ人《ひと》も多《おお》いようです。
外国《がいこく》の場合《ばあい》、キリスト教《きょう》はひとりひとりのお墓《はか》で、死《し》んだ人《ひと》をしのぶ場所《ばしょ》と考《かんが》えます。形《かたち》は自由《じゆう》ですが横長《よこなが》の墓石《ぼせき》に十字架《じゅうじか》をきざんだり、十字架《じゅうじか》をかたどったりしたものが多《おお》いようです。また、国《くに》によってはお墓《はか》をつくる習《しゅう》かんがないところもあります。宗教《しゅうきょう》やその国《くに》の文化《ぶんか》によってお墓《はか》の形《かたち》がちがうのです。

（答《こた》え②）

瀧靖之先生の

賢い子を育てるコツ

世界一有名《せかいいちゆうめい》なお墓《はか》はピラミッド

エジプトのピラミッドは、約《やく》5000年前《ねんまえ》につくられた王様《おうさま》のお墓《はか》といわれています。クフ王《おう》のピラミッドが最大《さいだい》で、20年以上《ねんいじょう》をかけてつくったそうです。便利《べんり》な道具《どうぐ》がなかった昔《むかし》、どのようにつくられたのでしょうか。

いのち

46

どうして赤《あか》ちゃんは生《う》まれるの？

1 赤《あか》ちゃんといっしょにいると楽《たの》しいから

2 命《いのち》のリレーを次《つぎ》につなげるため

3 大人《おとな》の仕事《しごと》を手伝《てつだ》うため

人《にん》間《げん》もロボットも石《いし》もこまかくしていくと、原子《げんし》という、目《め》に見《み》えない小《ちい》さなつぶになります。生《い》き物《もの》も、ただのものも、こまかくしていくと同《おな》じものでできているのです。では生《い》き物《もの》は、ものとなにがちがうのでしょうか。それは、子《こ》どもを産《う》み、やがて死《し》ぬかどうかです。赤《あか》ちゃんを産《う》むことは、生《い》き物《もの》の大切《たいせつ》な役《やく》わりのひとつなのです。

すべての人間《にんげん》は、お父《とう》さんとお母《かあ》さんがいなくては生《う》まれてくることはありません。でもそのお父《とう》さんとお母《かあ》さんも、おじいちゃんとおばあちゃんがいなくては生《う》まれてきませんでした。その祖先《そせん》ともなると、何《なん》千《ぜん》、何万《なんまん》もの人《ひと》がいることになり、このだれひとりがいなくても、あなたが生《う》まれてくることはありませんでした。

それだけではありません。人間《にんげん》はもともとはネズミのような動物《どうぶつ》でしたし、すべての生《い》き物《もの》が今《いま》のすがたになるまで長《なが》い時間《じかん》がかかりました。

おなかの赤《あか》ちゃんは生《い》き物《もの》の歴史《れきし》をたどっている！

私《わたし》たちの命《いのち》もずっとつながれてきたものなんだ。
赤《あか》ちゃんは命《いのち》のリレーの次《つぎ》の走者《そうしゃ》だよ。

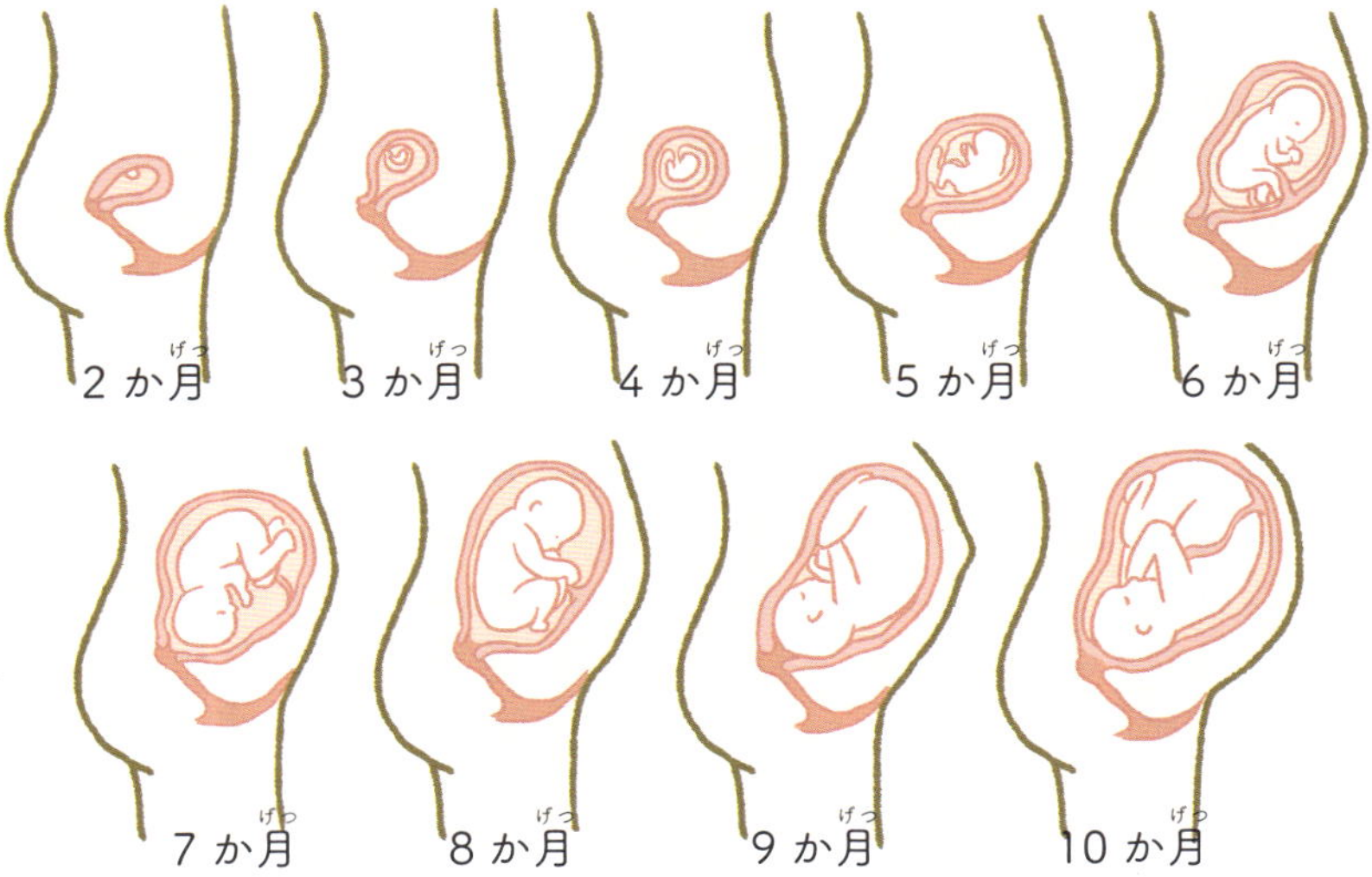

おなかの中《なか》の赤《あか》ちゃんは、小《ちい》さな生《い》き物《もの》、魚《さかな》、は虫類《ちゅうるい》など、何十億年《なんじゅうおくねん》の生《い》き物《もの》の歴史《れきし》をたどって人間《にんげん》のすがたになっているんだ。

このことは、赤《あか》ちゃんのおなかの中《なか》の成長《せいちょう》を見《み》ればわかります。おなかの中《なか》の赤《あか》ちゃんは目《め》に見《み》えないほどの小《ちい》さな卵《たまご》のような形《かたち》をしており、やがて魚《さかな》のような形《かたち》、尻《しっ》尾《ぽ》があるトカゲのようなは虫類《ちゅうるい》の形《かたち》、ネズミのようなほ乳類《にゅうるい》の形《かたち》になり、人間《にんげん》の赤《あか》ちゃんの形《かたち》になります。ずっとつながれてきた命《いのち》のリレーの歴史《れきし》をおなかの中《なか》の赤《あか》ちゃんはたどってくるのです。

（答《こた》え②）

瀧靖之先生の

賢い子を育てるコツ

カンガルーの赤《あか》ちゃんは、ふくろで育《そだ》つ！

カンガルーの赤《あか》ちゃんは、お母《かあ》さんのふくろに入《はい》ったまま大《おお》きくなります。ふくろの中《なか》におっぱいがあり、それを飲《の》んで成長《せいちょう》するのです。オスのカンガルーにはふくろがありません。動物園《どうぶつえん》で観察《かんさつ》してみましょう。

いのち

47

どうして赤《あか》ちゃんは小《ちい》さいの？

1 小《ちい》さいほうがかわいいから

2 お母《かあ》さんのおなかから生《う》まれるから

3 人間《にんげん》の祖先《そせん》が小《ちい》さかったから

アメーバのような小《ちい》さな生《い》き物《もの》の中《なか》には、自分《じぶん》をコピーして同《おな》じ大《おお》きさの生《い》き物《もの》を生《う》むものもいます。でも人間《にんげん》やイヌのように、お母《かあ》さんから生《う》まれる生《い》き物《もの》はおなかの中《なか》から生《う》まれるので、お母《かあ》さんのおなかの中《なか》で成長《せいちょう》できる大《おお》きさでなくては生《う》まれることはできません。

もしおなかの中《なか》の赤《あか》ちゃんの体《からだ》が大《おお》きいと、お母《かあ》さんははやく動《うご》くことができません。そのため、エサをとったりすることもむずかしかったり、おそってくるほかの動物《どうぶつ》から身《み》を守《まも》りにくくなります。

また赤《あか》ちゃんを産《う》むことはとても大変《たいへん》なことです。少《すこ》し前《まえ》まで赤《あか》ちゃんを産《う》むことは命《いのち》にかかわるようなことだったのです。

赤《あか》ちゃんが小《ちい》さければ、それだけ産《う》むときのお母《かあ》さんの体《からだ》のふたんを小《ちい》さくできます。パンダの赤《あか》ちゃんなどはとても小《ちい》さく人間《にんげん》の手《て》のひらぐらいの大《おお》きさしかありません。カエルや鳥《とり》、魚《さかな》などは、卵《たまご》から生《う》まれ

人間《にんげん》の赤《あか》ちゃんは小《ちい》さくない？

赤《あか》ちゃんはお母《かあ》さんのおなかの中《なか》で成長《せいちょう》するよ。
だから卵《たまご》から生《う》まれる動物《どうぶつ》よりも大《おお》きいんだ。

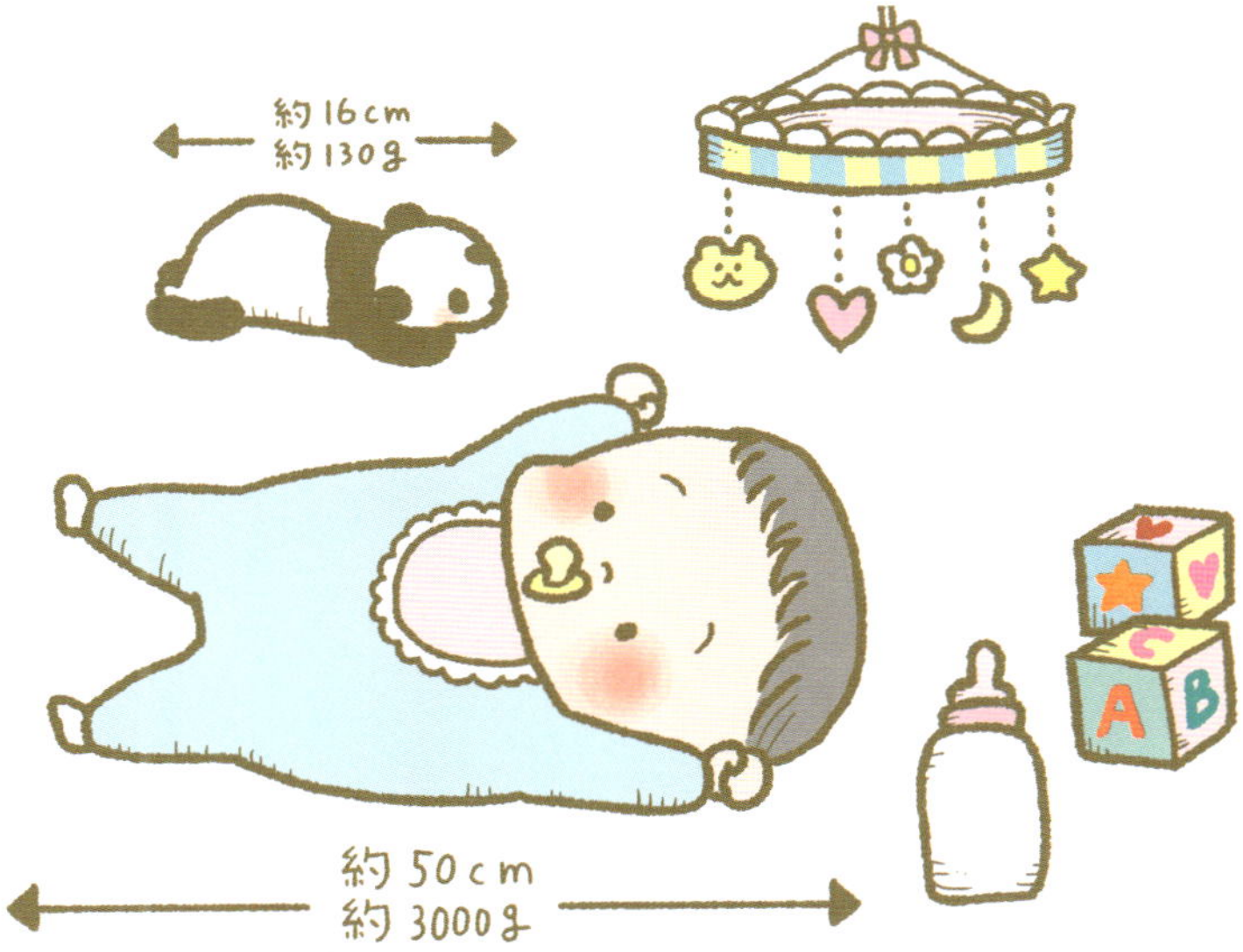

パンダの赤《あか》ちゃんはたった16センチくらいしかないんだ。人間《にんげん》の赤《あか》ちゃんは、卵《たまご》から生《う》まれる恐竜《きょうりゅう》の赤《あか》ちゃんよりも大《おお》きく生《う》まれるよ。

ます。お母《かあ》さんのおなかの中《なか》で成《せい》長《ちょう》できない分《ぶん》、これらの生《い》き物《もの》の赤《あか》ちゃんはとても小《ちい》さく生《う》まれます。そのためほかの生《い》き物《もの》に食《た》べられたり、死《し》んでしまったりすることが多《おお》くあります。人間《にんげん》の赤《あか》ちゃんはほかの動物《どうぶつ》とくらべるとじつはとても大《おお》きく生《う》まれているのです。それはお母《かあ》さんのおなかの中《なか》で赤《あか》ちゃんが成長《せいちょう》し、お母《かあ》さんがいっしょうけんめい赤《あか》ちゃんを産《う》んだからなのです。（答《こた》え②）

生《い》き物《もの》の赤《あか》ちゃんをしらべよう

卵《たまご》から生《う》まれる生《い》き物《もの》もいれば、そうではない生《い》き物《もの》もいます。卵《たまご》も殻《から》があったりなかったり、さまざまです。私《わたし》たちほ乳類《にゅうるい》も、お母《かあ》さんのおなかの中《なか》で、はじめは卵《たまご》です。いろいろな生《い》き物《もの》の赤《あか》ちゃんをしらべましょう。

いのち

48

どうして寿命《じゅみょう》があるの？

1 体《からだ》の細胞《さいぼう》が古《ふる》くなるから

2 新《あたら》しい細胞《さいぼう》が失敗《しっぱい》してつくられることがあるから

3 ケガや病《びょう》気《き》にならなければ死《し》なない

とてもかなしいことですが、人間《にんげん》はかならず死《し》にます。ケガや病気《びょうき》にならなくても、やがて寿命《じゅみょう》がくると人間《にんげん》は死《し》んでしまいます。そして人間《にんげん》以外《いがい》のすべての生《い》き物《もの》にも寿命《じゅみょう》があります。

転《ころ》んでヒザをすりむいても、また同《おな》じようにもとにもどりますよね。人間《にんげん》の体《からだ》は何十億《なんじゅうおく》もの小《ちい》さな細胞《さいぼう》でできています。ケガをしても新《あたら》しい細胞《さいぼう》をつくってもとにもどしてくれているのです。

ケガをしなくても、古《ふる》くなった細胞《さいぼう》は死《し》んで、コピーされた新《あたら》しい細胞《さいぼう》が生《う》まれます。でもなんども細胞《さいぼう》が入《い》れかわる中《なか》で、完全《かんぜん》にコピーすることに失敗《しっぱい》してしまう細胞《さいぼう》があります。こうして少《すこ》しずつ細胞《さいぼう》は、もともとあった細胞《さいぼう》とはちがう細胞《さいぼう》になり、中《なか》には体《からだ》に悪《わる》いことをする細胞《さいぼう》も生《う》まれてきてしまいます。こうした悪《わる》い細胞《さいぼう》が増《ふ》えて生《い》き物《もの》は死《し》んでしまうのです。

動物《どうぶつ》によって寿命《じゅみょう》はさまざま！

人間《にんげん》は動物《どうぶつ》の中《なか》でも長《なが》生《い》きだけど、
人間《にんげん》よりも寿命《じゅみょう》が長《なが》い生《い》き物《もの》もいるよ。

クジラは70才《さい》くらいまで生《い》きるし、カメの中《なか》には200年《ねん》近《ちか》く生《い》きるものもいるよ。ベニクラゲは何《なん》億《おく》年《ねん》も生《い》きるともいわれているよ。

細胞《さいぼう》はコピーをくり返《かえ》すとだんだんコピーの失敗《しっぱい》が増《ふ》えていきます。そのため、たくさんコピーをした細胞《さいぼう》は死《し》ぬようにできているのです。細胞《さいぼう》には、DNA《ディーエヌエー》という体《からだ》の設計図《せっけいず》が入《はい》っていて、細胞《さいぼう》がコピーをなんどもくり返《かえ》すと、それ以上《いじょう》コピーをしなくなるようにきめられているのです。これが寿《じゅ》命《みょう》がある原因《げんいん》と考《かんが》えている学者《がくしゃ》もいて、研究《けんきゅう》がすすめられています。

（答《こた》え②）

瀧靖之先生の

賢い子を育てるコツ

大切《たいせつ》なペットが死《し》んでしまったら……

かわいがっているペットにも寿命《じゅみょう》があります。死《し》について、小《ちい》さな子《こ》どもに説明《せつめい》するのはむずかしいのですが、命《いのち》のとうとさを教《おし》えることも親《おや》のつとめです。いつも以上《いじょう》に親子《おやこ》いっしょにすごし、ふれあいを増《ふ》やしましょう。

いのち

49

どうして生《い》き物《もの》は死《し》んでしまうの？

1. 長《なが》く生《い》きるとつかれてしまうから
2. 長《なが》く生《い》きるほどケガや病《びょう》気《き》になるから
3. 新《あたら》しい命《いのち》とバトンタッチするため

死《し》なないで大好《だいす》きな人《ひと》とずっと生《い》きていけたらとても幸《しあわ》せなのに、どうして死《し》ぬようにきめられているのでしょうか。それは、もし死《し》ななければやがてその生《い》き物《もの》はほろびてしまうからです。

生《い》き物《もの》は赤《あか》ちゃんを産《う》みます。そして赤《あか》ちゃんを産《う》むことで、その時代《じだい》のかんきょうに合《あ》うように変化《へんか》していきます。地球《ちきゅう》の長《なが》い歴史《れきし》の中《なか》では、地上《ちじょう》が氷《こおり》だらけの時代《じだい》もあれば、1年中夏《ねんじゅうなつ》のようなあつい時代《じだい》もありました。新《あたら》しい赤《あか》ちゃんが生《う》まれ、古《ふる》い生《い》き物《もの》が死《し》ぬというバトンタッチをくり返《かえ》すことで、生《い》き物《もの》はかんきょうに合《あ》わせて変化《へんか》して、長《なが》い時間《じかん》を生《い》きぬいてきたのです。

もし死《し》ぬことがなければどうでしょうか。まず赤《あか》ちゃんを産《う》まなくなってしまうでしょう。寿命《じゅみょう》がないと、赤《あか》ちゃんが生《う》まれるごとにどんどん人間《にんげん》が増《ふ》えてしまい、やがて食《た》べ物《もの》がなくなってしまいます。赤《あか》ちゃ

寿命《じゅみょう》がないとその生《い》き物《もの》はほろびてしまう！

生《い》き物《もの》は古《ふる》い命《いのち》が新《あたら》しい命《いのち》にバトンタッチをすることで
かんきょうに合《あ》ったすがたに変《か》わっていくんだ。

かんきょうは時代《じだい》によって変《か》わるから、生《い》き物《もの》は新《あたら》しい命《いのち》を生《う》んで古《ふる》い命《いのち》が死《し》ぬことでかんきょうに合《あ》わせていくんだ。

んを産《う》まなくなると、かんきょうに合《あ》わせた変化《へんか》がないため、やがて人間《にんげん》はほろびてしまいます。

遠《とお》い未来《みらい》に気温《きおん》が50度《ど》の時代《じだい》がきたとしたら、今《いま》のままの人間《にんげん》では外《そと》で暮《く》らすことはできなくなってしまいます。でも古《ふる》い命《いのち》が死《し》んで新《あたら》しい命《いのち》が生《う》まれることであつさに強《つよ》い生《い》き物《もの》になるはずです。死《し》ぬことは命《いのち》をずっと未来《みらい》までつなげるために必要《ひつよう》なことなのです。

（答《こた》え③）

瀧靖之先生の

賢い子を育てるコツ

人間《にんげん》と動物《どうぶつ》は年《とし》のとり方《かた》がちがう

人間《にんげん》と動物《どうぶつ》は一生《いっしょう》の長《なが》さがちがい、成長《せいちょう》のすすみかたもちがいます。人間《にんげん》の2年《ねん》は、イヌやネコの24年分《ねんぶん》、インコの36年分《ねんぶん》、ハムスターの74年《ねん》分《ぶん》になります。動物《どうぶつ》たちは大人《おとな》になるのがはやく、一生《いっしょう》を終《お》えるのもはやいのです。

いのち

50

人《ひと》は死《し》んだら生《う》まれ変《か》わるの？

1. 生《う》まれ変《か》わる
2. 生《う》まれ変《か》わらない
3. わからない

なにも考《かんが》えられない死《し》んだじょうたいというのは、ちょっと想像《そうぞう》できませんし、とてもこわいですよね。

私《わたし》たちの体《からだ》も石《いし》やつくえといった、ものと同《おな》じ物質《ぶっしつ》でできています。でも石《いし》やつくえは考《かんが》えたりすることはできません。そこで昔《むかし》の人《ひと》は、石《いし》やつくえにはないたましいが人《ひと》や生《い》き物《もの》にはあると考《かんが》えました。そして今《いま》も多《おお》くの人《ひと》がたましいの存在《そんざい》を信《しん》じています。

ではこのたましいは死《し》んだあとにどうなってしまうのでしょうか。仏《ぶっ》教《きょう》では、人間《にんげん》の体《からだ》は死《し》んでもたましいは死《し》ぬことはなく、ほかの生《い》き物《もの》になんども生《う》まれ変《か》わるといわれています。また、自分《じぶん》が生《う》まれる前《まえ》に別《べつ》の人《ひと》として生《い》きていたことを話《はな》す子《こ》どもの話《はなし》が世界中《せかいじゅう》にあります。しかし、生《う》まれ変《か》わりがあるかどうか、たましいがあるかどうかは、わかっていません。

自分《じぶん》の体《からだ》の物質《ぶっしつ》は消《き》えることはない！

たましいがあるかどうかはわからないけれど
体《からだ》の物質《ぶっしつ》は形《かたち》を変《か》えて残《のこ》りつづけるよ。

死《し》んだら心《こころ》がどうなるかはわからないんだ。
でも体《からだ》の物質《ぶっしつ》は消《き》えずにとても小《ちい》さなつぶに
なってほかのものに変《か》わっていくよ。

人間《にんげん》の心《こころ》やたましいが残《のこ》るのかどうかはわかりませんが、人間《にんげん》の体《からだ》自体《じたい》が消《き》えてしまうわけではありません。人間《にんげん》の体《からだ》をつくっているすべての物質《ぶっしつ》は、生《い》きているすがたのままであることはないですが、目《め》に見《み》えないほど小《ちい》さくバラバラになって、空気中《くうきちゅう》にただよったり、植物《しょくぶつ》や牛《うし》や石《いし》などの物質《ぶっしつ》の一部《いちぶ》になっていきます。中《なか》には人間《にんげん》の一部《いちぶ》になるものもあるかもしれません。（答《こた》え③）

瀧靖之先生の

賢い子を育てるコツ

生《う》まれる前《まえ》のことを覚《おぼ》えている？

お母《かあ》さんのおなかの中《なか》にいたときのことを覚《おぼ》えていて、言《こと》葉《ば》を話《はな》し出《だ》す2～3才《さい》ぐらいにそのときのことを話《はな》してくれる子《こ》がいるそうです。中《なか》には、お母《かあ》さんのおなかに入《はい》る前《まえ》のことを話《はな》す子《こ》も！　みなさんは覚《おぼ》えていますか？

いのち

51

天《てん》国《ごく》ってあるの？

1 天《てん》国《ごく》はある

2 天《てん》国《ごく》はない

3 はっきりとわかっていない

よい行《おこな》いをした人《ひと》が、神様《かみさま》が住《す》んでいる幸《しあわ》せに満《み》ちた天国《てんごく》に行《い》けるという教《おし》えの宗教《しゅうきょう》は世界《せかい》に多《おお》くあります。また一度《いちど》死《し》んだあとに生《い》き返《かえ》った人《ひと》の話《はなし》もありますし、体《からだ》からたましいがぬけだして天国《てんごく》を見《み》てきたと話《はな》す人《ひと》もいます。しかし、天国《てんごく》があるかどうかはわかっていません。

事故《じこ》や病気《びょうき》などで死《し》にそうになりながら、きせきてきに回復《かいふく》した人《ひと》の中《なか》には、死《し》んだあとの世界《せかい》を見《み》てきたと話《はな》す人《ひと》がいます。その人《ひと》たちの話《はなし》では、体《からだ》からとうめいになった自分《じぶん》がぬけだして、空《そら》へとのぼっていき、長《なが》いトンネルのようなところをぬけると、きれいなお花畑《はなばたけ》が広《ひろ》がった世界《せかい》があった、といいます。ふしぎなことに同《おな》じような話《はなし》を世界《せかい》の多《おお》くの人《ひと》がしています。

しかし、この死《し》んだあとの世界《せかい》の話《はなし》も、その人《ひと》が信《しん》じている神様《かみさま》やそ

天国《てんごく》の風景《ふうけい》を見《み》た人《ひと》は世界中《せかいじゅう》にいる？

死《し》にそうになった人《ひと》の中《なか》には
天国《てんごく》のような風景《ふうけい》を見《み》た人《ひと》がいるよ。

意識《いしき》がないときに見《み》た風景《ふうけい》として、長《なが》いトンネルやお花畑《はなばたけ》など、同《おな》じような話《はなし》をする人《ひと》が世界中《せかいじゅう》にいるんだ。

の国《くに》の習《しゅう》かん、育《そだ》ってきた場所《ばしょ》などによってちがいます。たとえば、日本人《にほんじん》の場合《ばあい》は、死《し》んだあとにわたるとされる三《さん》ずの川《かわ》を見《み》る人《ひと》がいますが、アメリカやヨーロッパの人《ひと》はほとんど見《み》ません。

　たましいがあって本当《ほんとう》に天国《てんごく》の世界《せかい》を見《み》てきたのか、それとも、死《し》にそうになったときに脳《のう》が見《み》せるゆめなのか、はっきりしたことはわかっていません。

（答《こた》え③）

瀧靖之先生の

賢い子を育てるコツ

天国《てんごく》は楽《たの》しいところ？

絵本《えほん》『このあとどうしちゃおう』（ヨシタケシンスケ著《ちょ》／ブロンズ新社《しんしゃ》）では、死《し》んだあとに行《い》く天国《てんごく》がとても楽《たの》しく描《えが》かれています。この作品《さくひん》を読《よ》んで、「生《い》きること」と「死《し》ぬこと」について、親子《おやこ》で話《はな》し合《あ》ってみましょう。

こころ

52

動物《どうぶつ》にも心《こころ》があるの？

1. 動物《どうぶつ》にも心《こころ》はある

2. 人間《にんげん》以外《いがい》の動物《どうぶつ》には心《こころ》がない

3. サルやイヌなど人間《にんげん》に近《ちか》い動物《どうぶつ》には心《こころ》がある

ドキドキしたり、考《かんが》えたりできることで、自分《じぶん》に心《こころ》があることはわかります。心《こころ》は目《め》に見《み》えるものではありませんが、家族《かぞく》や友《とも》だちにも心《こころ》がないとは思《おも》いませんよね。

人間同士《にんげんどうし》であれば、会話《かいわ》をすることができるので相手《あいて》に心《こころ》があることがわかります。でも動物《どうぶつ》とは会話《かいわ》をすることができないので、心《こころ》があるかどうかはわかりづらくなります。

人間《にんげん》にもっとも近《ちか》い動物《どうぶつ》にチンパンジーがいます。ある国《くに》でチンパンジーの赤《あか》ちゃんを人間《にんげん》の子《こ》どもと同《おな》じように育《そだ》てる実験《じっけん》が行《おこな》われました。するとこのチンパンジーは、１００以上《いじょう》の言葉《ことば》を手話《しゅわ》でおぼえて、おなかがすいた、だっこしてほしいと伝《つた》えるようになったのです。

イヌを飼《か》っている人《ひと》なら、イヌもよろこんだり、こわがったりすることがわかるでしょう。では、鳥《とり》には、魚《さかな》には、虫《むし》には、心《こころ》があるのでしょ

人間《にんげん》として育《そだ》てられたチンパンジーがいる！

人間《にんげん》と同《おな》じほ乳類《にゅうるい》の生《い》き物《もの》にも心《こころ》があるよ。
虫《むし》や魚《さかな》の心《こころ》についても研究《けんきゅう》されているよ。

ニムという名前《なまえ》のチンパンジーは人間《にんげん》として育《そだ》てられて手話《しゅわ》で会話《かいわ》ができたよ。イヌやネズミなどにも心《こころ》があると考《かんが》えられているんだ。

うか。人間《にんげん》はわらった顔《かお》やおこった顔《かお》など、気《き》もちを顔《かお》であらわすことができます。これは人間《にんげん》の顔《かお》のきん肉《にく》が発《はっ》たつしているためです。魚《さかな》や虫《むし》は顔《かお》が変《か》わりません。でもグッピーという魚《さかな》の実験《じっけん》では、おとなしいグッピーや勇気《ゆうき》のあるグッピーなど、性格《せいかく》にちがいが見《み》られました。こうしたことから動物《どうぶつ》を研究《けんきゅう》する学者《がくしゃ》の多《おお》くは、動物《どうぶつ》にも心《こころ》があると考《かんが》えています。（答《こた》え①）

瀧靖之先生の

賢い子を育てるコツ

動物《どうぶつ》は体《からだ》で感情《かんじょう》を表現《ひょうげん》する！

イヌやネコは、鳴《な》いたり、しっぽをふったりして感情《かんじょう》を表現《ひょうげん》します。うれしいとき、おこっているとき、どんな鳴《な》き方《かた》をして、どんなふうにしっぽを動《うご》かしていますか？　身近《みぢか》にいる動物《どうぶつ》を観察《かんさつ》してみましょう。

こころ

53

心《こころ》って体《からだ》のどこにあるの？

1 心臓《しんぞう》にある

2 頭《あたま》の中《なか》の脳《のう》にある

3 「はらの虫《むし》」の中《なか》にある

心《こころ》

がどこにあるのかは、大昔《おおむかし》から人間《にんげん》が考《かんが》えてきたことです。心《こころ》は生《い》きているときにあるもので、死《し》んだ人《ひと》の体《からだ》に心《こころ》はありません。口《くち》は、息《いき》をしたり、食《た》べ物《もの》を食《た》べたりという役《やく》わりがあります。同《おな》じように、体《からだ》のどこかが心《こころ》の役《やく》わりをしているはずです。

心《こころ》をあらわすマークにハートがありますよね。ハートは心臓《しんぞう》のことです。人《ひと》を好《す》きになったり、こわい思《おも》いをしたりすると心臓《しんぞう》がドキドキします。そのため昔《むかし》の人《ひと》は、心《こころ》は心臓《しんぞう》にあると考《かんが》えました。

でも今《いま》では、人《ひと》を好《す》きになったり、なにかを考《かんが》えたりする心《こころ》は、頭《あたま》の中《なか》の脳《のう》が行《おこな》っていると考《かんが》えられています。アルツハイマー病《びょう》など、脳《のう》もほかの内臓《ないぞう》と同《おな》じように病気《びょうき》になることがあります。するとその人《ひと》の性《せい》格《かく》が変《か》わったり、ものを覚《おぼ》えることがむずかしくなったりします。脳《のう》の研究《けんきゅう》では、やる気《き》を出《だ》したりする部分《ぶぶん》、記憶《きおく》したり話《はな》したりするための

脳《のう》は場所《ばしょ》によって役《やく》わりがちがう！

脳《のう》にもさまざまな部分《ぶぶん》があって
場所《ばしょ》ごとに役《やく》わりがちがうんだ。

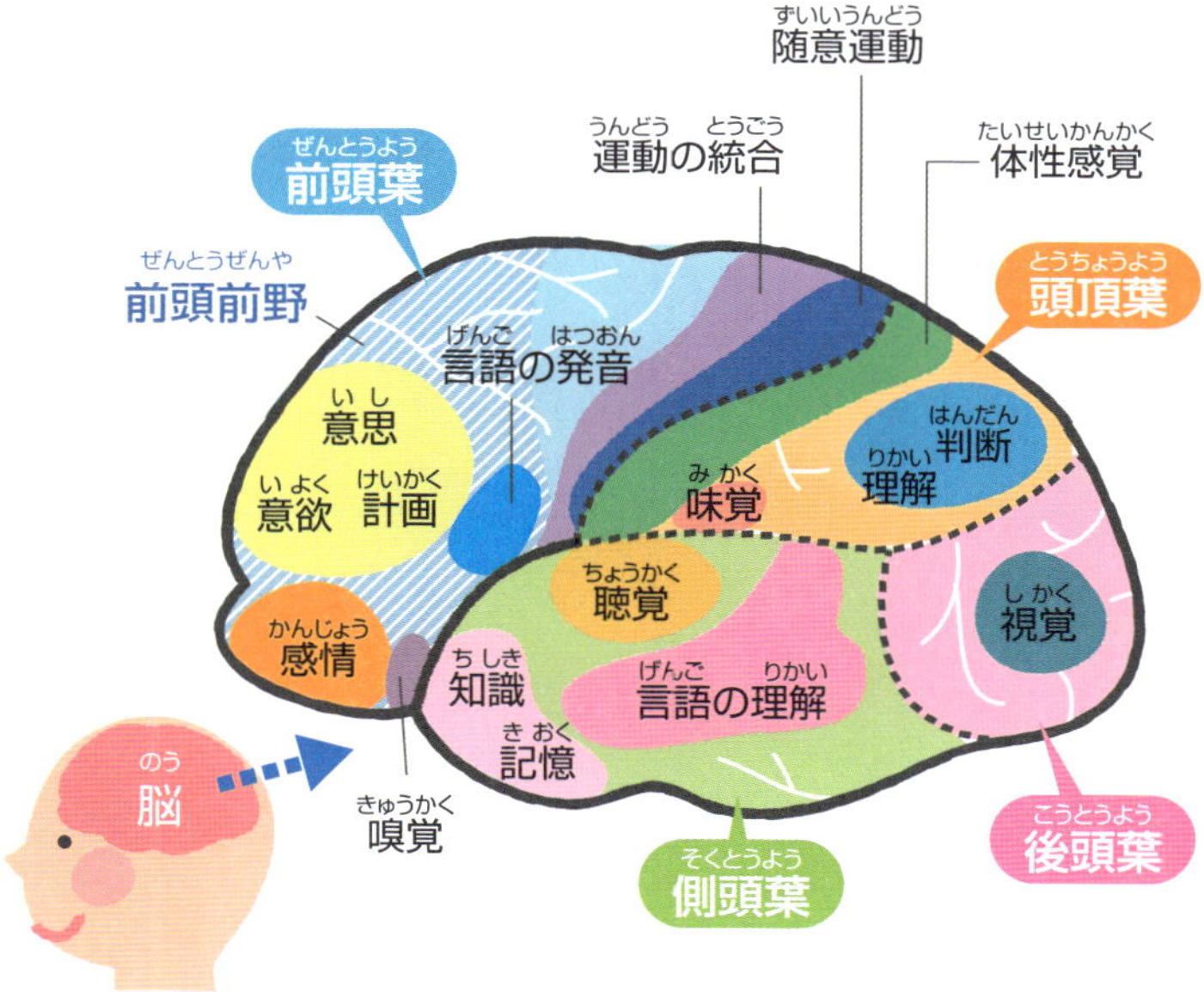

脳《のう》には記憶《きおく》するところや言葉《ことば》を話《はな》すところ、人《ひと》を好《す》きになるところなどがあるよ。脳《のう》がきずつくと性格《せいかく》が変《か》わることもあるんだ。

部分《ぶぶん》、見《み》たものがなにかを考《かんが》える部分《ぶぶん》といったように、脳《のう》の場所《ばしょ》ごとの役《やく》わりがだんだんとわかってきました。

しかし、脳自体《のうじたい》をこまかくしていけば、やがては原子《げんし》という小《ちい》さなつぶになります。脳《のう》も石《いし》や紙《かみ》など同《おな》じ物質《ぶっしつ》なのです。でも石《いし》や紙《かみ》は考《かんが》えたりはしません。物質《ぶっしつ》が集《あつ》まったものになぜ心《こころ》が生《う》まれるのか、はっきりとしたことはわかっていません。

（答《こた》え②）

瀧靖之先生の

賢い子を育てるコツ

なぜドキドキするの？

好《す》きな人《ひと》のことを考《かんが》えるとき、きん張《ちょう》したときなど、胸《むね》がドキドキしませんか？ これは、体《からだ》の「自律神経《じりつしんけい》」が自動《じどう》的《てき》にはたらいているのです。自律神経《じりつしんけい》は、脳《のう》から出《で》た命令《めいれい》を内臓《ないぞう》や器官《きかん》に伝達《でんたつ》し、体全《からだぜん》体《たい》をコントロールしています。

こころ

54

どうしてうれしい気《き》もちやかなしい気《き》もちになるの？

1 脳《のう》が思《おも》いこんでいるだけ

2 ケガやいやなことから自分《じぶん》を守《まも》るため

3 まだ子《こ》どもだから

プレゼントをもらうとうれしいですし、おこられたりしたらかなしくなりますよね。人間《にんげん》には、よろこびやかなしみ、いかりといったさまざまな気《き》もちがあります。でもかなしい気《き》もちになりたくはないですし、おこることがなければ友《とも》だちとけんかすることはありません。でも人間《にんげん》にいろいろな気《き》もちがあるのはとても大切《たいせつ》なことなのです。

高《たか》いところに立《た》ったり、おばけやしきに入《はい》ると、こわいと思《おも》いますよね。すると心臓《しんぞう》がドキドキします。心臓《しんぞう》は体《からだ》を動《うご》かすための酸素《さんそ》や血《ち》を体中《からだじゅう》に運《はこ》ぶための役《やく》わりをしています。こわいということは自分《じぶん》の身《み》に危《き》けんがせまっていると感《かん》じるからです。危《き》けんなことから身《み》を守《まも》るために体《からだ》が動《うご》きやすくなるように、心臓《しんぞう》が活発《かっぱつ》に動《うご》くのです。

またもしこわいという気《き》もちがなかったら、危《あぶ》ないところにも平気《へいき》で行《い》ってしまい、大《おお》きなケガをしてしまうかもしれません。

いろいろな気《き》もちはあなたを守《まも》る力《ちから》！

気《き》もちがあるから人《ひと》はやる気《き》になったり
しんちょうになったりするんだ。

うれしい

楽《たの》しい

気《き》もちいい

かなしい

こわい

くやしい

危《あぶ》ないことはこわいと思《おも》う、楽《たの》しいことはもっとやりたいと思《おも》うなど、気《き》もちがあることで人《ひと》は身《み》を守《まも》ったり、学《まな》んだりするんだ。

うれしい気《き》もちがあれば、うれしいと思《おも》ったことをまた体験《たいけん》したいと思《おも》いますし、友《とも》だちにもうれしい気《き》もちになってほしいと思《おも》います。反対《はんたい》にかなしい気《き》もちにはなりたくないですから、かなしい気《き》もちになるようなことはやらなくなります。

気《き》もちはケガやいやなことから守《まも》り、さまざまな気《き》もちを経験《けいけん》してあなたを成長《せいちょう》させてくれる大切《たいせつ》なものなのです。（答《こた》え②）

瀧靖之先生の

賢い子を育てるコツ

今《いま》までで一番《いちばん》うれしかったことは？

ずっとほしかったおもちゃを買《か》ってもらったとき？ 弟《おとうと》や妹《いもうと》が生《う》まれたとき？ 遊園地《ゆうえんち》に行《い》ったとき？ とび箱《ばこ》をとべたとき？ 人《ひと》によっていろいろな意見《いけん》があるはずです。お父《とう》さんやお母《かあ》さん、友《とも》だちにも聞《き》いてみましょう。

こころ

55

どうして人《ひと》を好《す》きになるの？

1

人《ひと》と人《ひと》がむすばれるため

2

好《す》きなことを伝《つた》えると
なにかをもらえるかもしれないから

3

きらわれたくないから

すべての人《ひと》はお父《とう》さんとお母《かあ》さんがいるから生《う》まれてきます。そして、お父《とう》さんとお母《かあ》さんをむすびつけたのが好《す》きという気《き》もちです。人を好《す》きになるという気《き》もちによって、男《おとこ》の人《ひと》と女《おんな》の人《ひと》がむすばれて、子《こ》どもが生《う》まれてきました。好《す》きという気《き》もちは、人間《にんげん》が長《なが》い時間《じかん》つなげてきた命《いのち》のバトンを未来《みらい》につなぐための大切《たいせつ》な気《き》もちなのです。

でも好《す》きという気《き》もちは、男《おとこ》の人《ひと》と女《おんな》の人《ひと》の間《あいだ》にだけ生《う》まれるわけではありません。好《す》きな友《とも》だちは男《おとこ》の子《こ》、女《おんな》の子《こ》に関係《かんけい》なくいるはずです。これは人《ひと》がなにかをするときに互《たが》いに協力《きょうりょく》して行《おこな》ってきたからです。

たとえばイヌやネコの赤《あか》ちゃんを見《み》るとかわいいと思《おも》いますよね。赤《あか》ちゃんは大《おお》きくなるまでひとりで生《い》きていくことはできません。でもかわいい、好《す》きという気《き》もちから、食《た》べ物《もの》をあげたり、お世話《せわ》をしたりするようになります。

「好《す》き」は人《ひと》が協力《きょうりょく》するために必要《ひつよう》な気《き》もち

人《ひと》と人《ひと》がいっしょになる力《ちから》となるのが
「好《す》き」という気《き》もちだよ。

赤《あか》ちゃんはひとりでは生《う》まれないよね。あなたの祖先《そせん》たちがむすばれてきたから、あなたが生《う》まれてきたんだ。

もし好《す》きという気《き》もちがなければ、相手《あいて》に興味《きょうみ》をもつことはなくなってしまい、自分《じぶん》から相手《あいて》になにかをしようとは思《おも》わないことでしょう。人間《にんげん》に好《す》きという気《き》もちがあることで、好《す》きな相手《あいて》に対《たい》してはなにかをしてあげたいと思《おも》うし、好《す》きな相手《あいて》からなにかをしてもらうとてもうれしい気《き》もちになります。好《す》きという気《き》もちによって、人《ひと》と人《ひと》がつながるようになるのです。

（答《こた》え①）

瀧靖之先生の

賢い子を育てるコツ

「好《す》き」って、どんな気《き》もち？

「好《す》き」とは、どんな感情《かんじょう》かを説明《せつめい》するのは、とてもむずかしいことです。あえて言葉《ことば》にすると、ワクワクしたり、しぜんと笑顔《えがお》になったり……。「好《す》き」とはそんな気《き》もちにさせてくれる「まほう」みたいなものなのです。

こころ

56

どうして人《ひと》をきらいになるの？

1 悪口《わるぐち》をいうと楽《たの》しいから

2 好《す》きな人《ひと》ばかりだとつかれるから

3 いやなことから自分《じぶん》を守《まも》るため

人《にん》間《げん》にはいろいろな人《ひと》がいます。あなたにも好きな人《ひと》がいれば、あまり好《す》きではない人《ひと》もいるかもしれません。大《だい》好《す》きだった友《とも》だちとけんかをして、きらいな気《き》もちになったこともあるでしょう。

好《す》きな気《き》もちは、あたたかい感《かん》じがして気《き》もちがいいですよね。でもきらいという気《き》もちは、冷《つめ》たい感《かん》じがしてザラザラしたようないやな気《き》もちになります。好《す》きな気《き》もちばかりできらいな気《き》もちなんてなければいいのにと思《おも》うかもしれません。

人《ひと》をきらいになってはいけないといわれることもあるでしょう。人《ひと》をきらいになると、その人《ひと》からもきらわれてしまいます。でもきらいという気《き》もちもとても大切《たいせつ》な気《き》もちなのです。

きらいという気《き》もちになったとき、相手《あいて》のいうことを聞《き》きたくなくなったり、「本当《ほんとう》のことかな？」とうたがったりするようになります。

「好《す》き」だけでも「きらい」だけでもダメ！

「きらい」は心《こころ》と体《からだ》を危《き》けんから
守《まも》る大切《たいせつ》な役《やく》わりがあるんだ。

きらいな気《き》もちは、その人《ひと》から距離《きょり》をとって自《じ》分《ぶん》を守《まも》るためのものだよ。でも「きらい」ばかりだと友《とも》だちはできないから気《き》をつけてね。

きらいという気《き》もちは自分《じぶん》を守《まも》ろうと、ガードしている状態《じょうたい》です。
もし好《す》きという気《き》もちしかなかったら、ケガをするような危《あぶ》ないことや、なにかをうばってやろうといった悪《わる》いことを考《かんが》えている人《ひと》にも、自分《じぶん》を守《まも》ろうとせずにひどい目《め》にあってしまうかもしれません。きらいという気《き》もちは、危《き》けんやいやなことから自分《じぶん》の心《こころ》と体《からだ》を守《まも》るための気《き》もちなのです。

（答《こた》え③）

瀧靖之先生の

賢い子を育てるコツ

きらいな人《ひと》を好《す》きになる方法《ほうほう》は？

どうしても気《き》が合《あ》わない人《ひと》はいるものです。でも、その人《ひと》のことをよく知《し》らなかっただけかもしれません。だれにでも、いいところはあるはずです。いいところを見《み》つけていっしょに遊《あそ》んでみたら、だんだん好《す》きになるかも！

こころ

57

どうしてたくさんわらうと幸《しあわ》せな気《き》もちになるの？

1 わらうと体《からだ》の力《ちから》がぬけるから

2 わらうといいことをしてもらえるから

3 相手《あいて》も楽《たの》しい気《き》もちにさせるから

うれしいとき、楽《たの》しいとき、あなたはわらいますよね。わらうとてもいい気《き》もちになります。でもアリや魚《さかな》がわらったのを見《み》たことはないでしょう。動物《どうぶつ》の中《なか》でもわらうことができるのは、人間《にんげん》のほかにサルやチンパンジーなど、人間《にんげん》に似《に》ている一部《いちぶ》の動物《どうぶつ》だけです。

人間《にんげん》はほかの動物《どうぶつ》とちがって、口《くち》のまわりのきん肉《にく》が発《はっ》たつしています。この顔《かお》のきん肉《にく》をつかって、さまざまな表情《ひょうじょう》をすることができます。どうしてさまざまな表情《ひょうじょう》をできるようになったのでしょうか。友《とも》だちが泣《な》いていると、かなしいことがあったことがわかりますよね。表情《ひょうじょう》によって話《はなし》をしなくても相手《あいて》の気《き》もちがわかります。表情《ひょうじょう》は気《き》もちを伝《つた》えるためのものなのです。

生《う》まれたばかりの赤《あか》ちゃんはあまりわらいません。でも親《おや》がわらうのを見《み》て、赤《あか》ちゃんもそれをまねるようになってわらいます。わらった赤《あか》

わらうことは相手《あいて》をうれしい気《き》もちにさせる！

顔《かお》に表情《ひょうじょう》があるのが人間《にんげん》の特《とく》ちょうだよ。
楽《たの》しさを伝《つた》えるために人《ひと》はわらうんだ。

わらうことで自分《じぶん》の楽《たの》しさを相手《あいて》に伝《つた》えているよ。だからみんなでわらうと、相手《あいて》の楽《たの》しさも伝《つた》わりもっと楽《たの》しい気《き》もちになるんだ。

ちゃんを見《み》ると、親《おや》はよろこんでますますわらうから赤《あか》ちゃんももっとわらうようになります。

わらうと幸《しあわ》せな気《き》もちになるのは、わらうことで相手《あいて》もよろこぶようになるからでもあるのです。

またかなしい気《き》もちのときでもわらうことで心《こころ》が楽《たの》しい気《き》もちになることもあります。

わらいは自分《じぶん》や相手《あいて》を幸《しあわ》せな気《き》もちにさせる力《ちから》があるのです。

（答《こた》え③）

瀧靖之先生の

賢い子を育てるコツ

たくさんわらうには どうしたらいい？

いろいろなことに興味《きょうみ》をもって、好《す》きなことをどんどん見《み》つけていけば、しぜんとたくさんわらえるようになりますよ。毎日《まいにち》、楽《たの》しいことに囲《かこ》まれて暮《く》らせば、つらいことがあっても、はね返《かえ》すことができ、わらってすごせます。

ともだち

58

どうして友《とも》だちをつくるの？

1 友《とも》だちがいないとかっこ悪《わる》いから

2 友《とも》だちがいるとたくさんのことができるから

3 友《とも》だちがいるのが当《あ》たり前《まえ》だから

友《とも》だちとドッジボールやトランプをするのは楽《たの》しいですよね。でもスポーツやゲームはひとりではできません。ひとりでできないことはこれ以外《いがい》にもたくさんあります。

うれしいことがあったとき、もし友《とも》だちもいっしょになってよろこんでくれたらもっとうれしい気《き》もちになりますよね。友《とも》だちにうれしいことがあったときにはあなたもうれしい気《き》もちになることでしょう。かなしいことがあったとき、友《とも》だちもいっしょになってかなしんでくれたらかなしい気《き》もちがちょっと和《やわ》らぐはずです。ひとりだと、おしゃべりすることもできないので、うれしい気《き》もちやかなしい気《き》もちをだれかにわかってもらうこともできないのです。

ひとりでできることとふたりでできることはちがいます。ふたりでできることと十人《じゅうにん》でできることはもっとちがいます。重《おも》たい荷物《にもつ》があった

友《とも》だちがいるからできることがある！

楽《たの》しんだり、考《かんが》えたり、かなしんだり、
友《とも》だちはいっしょの時間《じかん》をすごす大切《たいせつ》な存在《そんざい》だよ。

ひとりでは大変《たいへん》なもんだいでも、友《とも》だちといっしょなら助《たす》け合《あ》って解決《かいけつ》できることがたくさんあるんだ。

ら、ひとりよりもたくさんの人《ひと》で運《はこ》んだほうが楽《らく》です。もしあなたに大変《たいへん》なことがあったときには、ひとりで考《かんが》えるより、友《とも》だちといっしょに考《かんが》えたり、助《たす》け合《あ》ったほうがきっとうまくいくはずです。

友《とも》だちはいっしょになにかをしたりすることで同《おな》じ時間《じかん》をすごす大切《たいせつ》な存在《そんざい》です。そしてその時間《じかん》が思《おも》い出《で》になります。友《とも》だちがいるとたくさんのことができるようになるのです。（答《こた》え②）

瀧靖之先生の

賢い子を育てるコツ

友《とも》だちといろいろな経験《けいけん》をしよう

子《こ》どもは、保育園《ほいくえん》や幼稚園《ようちえん》、小学校《しょうがっこう》などの集団生活《しゅうだんせいかつ》で、少《すこ》しずつ社会性《しゃかいせい》を身《み》につけます。脳《のう》のコミュニケーションを司《つかさど》る部分《ぶぶん》が発《はっ》たつするのは10才以降《さいいこう》ですが、その前《まえ》に友《とも》だちと交流《こうりゅう》する機会《きかい》を意識《いしき》的《てき》につくりましょう。

ともだち

59

どうして友《とも》だちがかなしいと自分《じぶん》もかなしくなるの？

1 友《とも》だちの気《き》もちを考《かんが》えるから

2 かなしくさせるガスがなみだから出《で》るから

3 楽《たの》しいふんいきがこわされるから

友《とも》だちが転《ころ》んでケガをしたとき、自分《じぶん》はケガをしていないのにいたいように感《かん》じたことがありませんか。友《とも》だちが泣《な》いているのを見《み》て、いっしょに泣《な》いてしまったこともあるでしょう。友《とも》だちがわらっていると自分《じぶん》もわらい出《だ》してしまったり、友《とも》だちがかけっこで一位《いちい》になったら自分《じぶん》もうれしくなったりすることもあるはずです。

うれしい気《き》もち、かなしい気《き》もちなど、いろいろな気《き》もちはほかの人《ひと》へと伝《つた》わります。自分《じぶん》にうれしいことがあったわけでもないのにうれしい気《き》もちになったり、自分《じぶん》がケガをしていないのにいたいように感《かん》じたりするのは、あなたの心《こころ》が友《とも》だちの気《き》もちを考《かんが》えるからです。

友《とも》だちが大切《たいせつ》なものをなくして泣《な》いているのを見《み》ると、あなたの心《こころ》は友《とも》だちの立場《たちば》になって大切《たいせつ》なものをなくしたらどんな気《き》もちになるかを想像《そうぞう》します。そして同《おな》じようにかなしい気《き》もちがわきおこります。この

人《ひと》の気《き》もちと自分《じぶん》の気《き》もちを重《かさ》ねている！

転《ころ》んだ友《とも》だちを見《み》ると自分《じぶん》におきかえて考《かんが》えて、
いたみを感《かん》じてしまうんだ。

うれしいこと、かなしいことをたくさん知《し》れば知《し》るほど、人《ひと》がうれしかったときやかなしかったときに相手《あいて》の心《こころ》を感《かん》じるようになるよ。

ような心《こころ》の動《うご》きを共感《きょうかん》といいます。共感《きょうかん》は「いっしょに感《かん》じる」という意味《いみ》です。
共感《きょうかん》は親《した》しい人《ひと》ほど強《つよ》くなります。いっしょに楽《たの》しくなったりかなしくなったりするのは、その人《ひと》が大切《たいせつ》な人《ひと》ということなのです。友《とも》だちが同《おな》じ気《き》もちになると、人《ひと》はうれしいことがよりうれしくなったり、かなしい気《き》もちが和《やわ》らいだりします。共感《きょうかん》は大切《たいせつ》な心《こころ》の動《うご》きなのです。

（答《こた》え①）

瀧靖之先生の

賢い子を育てるコツ

どうしたら人《ひと》の気《き》もちがわかるの？

家族《かぞく》とばかりすごしていては、コミュニケーション能力《のうりょく》をのばせず、人《ひと》の気《き》もちもわかるようにはなりません。友《とも》だちと仲《なか》よく遊《あそ》び、ときにはぶつかり合《あ》い、経験《けいけん》を積《つ》むうちに、しぜんと人《ひと》の気《き》もちも感《かん》じとれるようになります。

ともだち

60

どうしてみんな性格《せいかく》がちがうの？

1 血液型《けつえきがた》がちがうから

2 経験《けいけん》することがちがうから

3 誕生日《たんじょうび》がちがうから

あなたと友《とも》だちの顔《かお》はちがいますよね。人《ひと》の顔《かお》がそれぞれちがうように、心《こころ》も人《ひと》によってそれぞれちがいます。よくわらう赤《あか》ちゃんもいれば、おとなしい赤《あか》ちゃんもいます。人《ひと》はいろいろな性格《せいかく》で生《う》まれてくるのです。

では活発《かっぱつ》な赤《あか》ちゃんが活発《かっぱつ》な大人《おとな》になるかというとそうとは限《かぎ》りません。運動《うんどう》が苦手《にがて》だった人《ひと》がたくさんの練習《れんしゅう》をしてスポーツ選手《せんしゅ》になることもありますよね。心《こころ》も同《おな》じように、いろいろなことを経験《けいけん》することで変《か》わってきます。おしゃべりをよくする家《いえ》もあれば、テレビが大好《だいす》きな家《いえ》もあります。同《おな》じ1日《にち》、同《おな》じ1年《ねん》でも経験《けいけん》することは人《ひと》によってちがいます。こうした経験《けいけん》のちがいから性格《せいかく》もつくられていくのです。

もしみんなの性格《せいかく》が同《おな》じだったら、けんかをしないし、楽《たの》しくすごせるかもしれません。でも同《おな》じ性格《せいかく》ばかりだったら、きっと人間《にんげん》は世界《せかい》か

性格《せいかく》がちがうから社会《しゃかい》は豊《ゆた》かになる！

勇気《ゆうき》がある人《ひと》、おとなしい人《ひと》……
それぞれに得意《とくい》なことや役《やく》わりがあるんだ！

同《おな》じ性格《せいかく》だと同《おな》じようなことしかしないよね。性格《せいかく》がちがうとちがうことをするようになるから、社会《しゃかい》は豊《ゆた》かになるんだ。

らいなくなっていたことでしょう。

原始時代《げんしじだい》に仲間《なかま》と狩《か》りに行《い》った人《ひと》たちがみんなやさしい性格《せいかく》だったら、えものをとることができません。勇気《ゆうき》がある人《ひと》ばかりだったら強《つよ》い動物《どうぶつ》にも立《た》ち向《む》かってみんな死《し》んでしまっていたかもしれません。

いろいろな性格《せいかく》があるから、人《ひと》それぞれに活《かつ》やくできることがあるのです。（答《こた》え②）

瀧靖之先生の

賢い子を育てるコツ

ひとりひとりの個性《こせい》を伸《の》ばそう！

「うちの子《こ》は、まだ〇〇できない……」と、ついほかの子《こ》とくらべていませんか？　ひとりひとり性格《せいかく》がちがうように、成長《せいちょう》のスピードもちがいます。長所《ちょうしょ》に目《め》を向《む》け、「よくできたね！」とほめ上手《じょうず》になって、個性《こせい》を伸《の》ばしましょう。

ともだち

61

どうして仲直《なかなお》りをするのはむずかしいの？

1. 友《とも》だちの心《こころ》がわからないから
2. 友《とも》だちがいじわるだから
3. 友《とも》だちが仲直《なかなお》りをしたくないから

友《とも》だちとけんかをしてしまったとき、仲直《なかなお》りをしたいけどなかなかできないことがありますよね。相手《あいて》に「なんでこうしてくれないの？」と思《おも》って、自分《じぶん》の考《かんが》えや気《き》もちを相手《あいて》にむりに押《お》しつけようとしてしまうことがあるでしょう。反対《はんたい》に相手《あいて》から自分《じぶん》に「こうしてほしい」といわれても、それが自分《じぶん》の考《かんが》えとちがっていたり、いやなことだったらそのまましたがうことはできないですよね。けんかはお互《たが》いに自分《じぶん》の気《き》もちをわかってほしいからおこるのです。

恐竜《きょうりゅう》をかっこいいと思《おも》う人《ひと》もいれば、こわいと思《おも》う人《ひと》もいるように、同《おな》じことに対《たい》しても人《ひと》はそれぞれに考《かんが》え方《かた》や感《かん》じ方《かた》がちがいます。でも相手《あいて》の心《こころ》を見《み》ることはできません。

仲直《なかなお》りがむずかしいのは、相手《あいて》の考《かんが》えや気《き》もちをわかることがむずかしいからです。相手《あいて》の考《かんが》えや気《き》もちをわかるためには、相手《あいて》の立場《たちば》で考《かんが》

けんかをするのは仲《なか》がいいから？

自分《じぶん》の気《き》もちと相手《あいて》の気《き》もちが
ちがうときにけんかはおきるよ。

けんかは相手《あいて》に自分《じぶん》の気《き》もちをわかってほしいからおきるよ。気《き》もちをわかってほしいと思《おも》わない相手《あいて》とはけんかにならないんだ。

えなければできません。また自分《じぶん》の考《かんが》えを相手《あいて》にもわかってもらえるようにちゃんと伝《つた》えなければなりません。

そのためにはけんかした友《とも》だちとまたお話《はなし》をすることが必要《ひつよう》になります。「ごめんなさい」ということで、けんかした友《とも》だちとまたお話《はなし》をはじめることができます。そしてお互《たが》いに相手《あいて》の気《き》もちがわかれば仲直《なかなお》りができるはずです。

（答《こた》え①）

瀧靖之先生の

賢い子を育てるコツ

仲直《なかなお》りをする勇気《ゆうき》をもとう！

自分《じぶん》が悪《わる》いとわかっているのに、どうしても「ごめんね」といえない……。これは大人《おとな》でもあることです。人《ひと》にあやまるのは「かっこ悪《わる》い」と思《おも》っていませんか？ でも、あやまることができる人《ひと》こそ勇《ゆう》気《き》のあるかっこいい人《ひと》です。

ともだち

62

どうして友《とも》だちをきらいになったらいけないの？

1 いじわるをされるようになるから

2 友《とも》だちではなくなってしまうから

3 先《せん》生《せい》がこまるから

人《にん》間《げん》にはいろいろな性格《せいかく》の人《ひと》がいます。中《なか》にはあなたにいじわるをしてくる人《ひと》もいるでしょう。「きらい」という気《き》もちはあなた自《じ》身《しん》の心《こころ》や体《からだ》を守《まも》るために大切《たいせつ》な気《き》もちでもあります。もしきらいという気《き》もちがなければ悪《わる》いことを考《かんが》えている人《ひと》に、かんたんにだまされてしまうことになるかもしれません。

友《とも》だちのことをきらいと思《おも》うこともあるでしょう。でも、きっとその友《とも》だちといっしょにわらって、いっしょに楽《たの》しく遊《あそ》んだこともあるはずです。もしあなたのことをきらいと思《おも》っている人《ひと》がいたら、あなたはその人《ひと》と友《とも》だちになりたいとは思《おも》えないでしょう。同《おな》じようにあなたが友《とも》だちをきらいと思《おも》ったら友《とも》だちもあなたのことをきらいになってしまいます。するといつか友《とも》だちがいなくなってしまうのです。

けんかをした友《とも》だちのことを考《かんが》えると、「あの子《こ》は弱虫《よわむし》だ」といった

きらいな気《き》もちがきらいな気《き》もちを大《おお》きくする！

相手《あいて》をきらいになるといやなところばかり
思《おも》い出《だ》したり、見《み》えたりしてしまうんだ。

きらいと思《おも》っていると会《あ》うたびにきらいになってしまうよ。でも好《す》きになると会《あ》うたびにいいところに気《き》がついてますます好《す》きになるよ。

ように、友《とも》だちの悪《わる》いところばかり思《おも》いついてしまうことがあるでしょう。するとその友《とも》だちのことがもっときらいになってしまいます。きらいな気《き》もちがさらにきらいな気《き》もちを大《おお》きくしてしまうのです。反対《はんたい》に好《す》きな気《き》もちで友《とも》だちを見《み》ると、いいところがたくさん見《み》つかるはずです。きらいな気《き》もちをもったときには友《とも》だちの好《す》きなところを考《かんが》えてみるといいでしょう。

（答《こた》え②）

瀧靖之先生の

賢い子を育てるコツ

友《とも》だちのいいところを考《かんが》えてみよう

友《とも》だちのよくないところだけを見《み》て「きらい」と判断《はんだん》するのではなく、いいところにも目《め》を向《む》けるようにアドバイスをしてあげましょう。ものごとを一方的《いっぽうてき》にきめつけず、別《べつ》の角度《かくど》から考《かんが》えてみることも大事《だいじ》だと教《おし》えてあげましょう。

ともだち

63

いつまで友《とも》だちでいられるの？

1 同《おな》じ学校《がっこう》にかよっている間《あいだ》だけ

2 大人《おとな》になるまで

3 ずっと友《とも》だちでいられる

あなたの友《とも》だちの多《おお》くは、同《おな》じ学校《がっこう》にかよっていたり、近《ちか》くに住《す》んでいたりすることが多《おお》いでしょう。でもあなたが成長《せいちょう》するにつれて、別《べつ》の学校《がっこう》にかよったり、遠《とお》くに引《ひ》っこししたりと会《あ》うことが少《すく》なくなる友《とも》だちもいるはずです。会《あ》わなくなった人《ひと》は友《とも》だちではないでしょうか。でも1週間《しゅうかん》病気《びょうき》で休《やす》んだ友《とも》だちは、友《とも》だちのままですよね。夏休《なつやす》みや冬休《ふゆやす》みでしばらく会《あ》わなかった友《とも》だちもやっぱり友《とも》だちのままです。友《とも》だちかどうかは、会《あ》わない時間《じかん》と関係《かんけい》ないのです。

でも何年《なんねん》も会《あ》っていない友《とも》だちと会《あ》うと昔《むかし》みたいに仲《なか》よく遊《あそ》ぶことはむずかしいかもしれません。なんとなく居心地《いごこち》の悪《わる》い感《かん》じになることもあるでしょう。友《とも》だちでいられるかどうかは、あなたが相手《あいて》のことを友《とも》だちだと思《おも》っていること、そして相手《あいて》も自分《じぶん》のことを友《とも》だちだと思《おも》ってくれていることが大切《たいせつ》なのです。

友《とも》だちでいられるには努力《どりょく》も必要《ひつよう》！

友《とも》だちとは昔《むかし》の思《おも》い出《で》だけではなくて、
今《いま》の時間《じかん》をわかち合《あ》うことも大切《たいせつ》だよ。

あまり会《あ》わなくなると相手《あいて》のことがだんだん
わからなくなるよね。今《いま》どんなことをしてい
るのか、手紙《てがみ》を出《だ》したりしてもいいかもね。

ずっと友《とも》だちでいられるような楽《たの》しい思《おも》い出《で》をたくさんつくりましょう。離《はな》れ離《ばな》れになっても手紙《てがみ》や電話《でんわ》で連絡《れんらく》をとれます。そしてなによりもあなた自身《じしん》が友《とも》だちのことを友《とも》だちだと思《おも》いつづけることが大切《たいせつ》です。

あなたが相手《あいて》のことを友《とも》だちだと思《おも》いつづけて、相手《あいて》もあなたのことを友《とも》だちだと思《おも》ってくれるようにすれば、ずっと友《とも》だちでいられるはずです。（答《こた》え③）

瀧靖之先生の

賢い子を育てるコツ

友情《ゆうじょう》をはぐくむ能力《のうりょく》をみがこう

幼少期《ようしょうき》に親《した》しい友《とも》だちをつくれるかどうかが、その後《ご》の人生《じんせい》をおくるうえで重要《じゅうよう》です。友情《ゆうじょう》をはぐくむ能力《のうりょく》をみがかないまま、中学生以降《ちゅうがくせいいこう》になって親友《しんゆう》をつくるのはむずかしくなります。友《とも》だちをつくる大切《たいせつ》さを伝《つた》えましょう。

おとな

64

どうして子《こ》どもと大人《おとな》はちがうの？

1. 大人《おとな》はたくさんの経験《けいけん》をしているから
2. 大人《おとな》はたくさん本《ほん》を読《よ》んだから
3. 大人《おとな》は仕事《しごと》をしているから

子《こ》どもと大人《おとな》のちがいで、まず気《き》がつくのは体《からだ》の大《おお》きさでしょう。あなたも、時間《じかん》がたつごとに身長《しんちょう》がのび体重《たいじゅう》が増《ふ》えて大《おお》きくなりますよね。ほかの動物《どうぶつ》と同《おな》じように、人間《にんげん》も大人《おとな》になるにつれて体《からだ》が成《せい》長《ちょう》していく生《い》き物《もの》だからです。

だけど、子《こ》どもと大人《おとな》のちがいは体《からだ》の成長《せいちょう》だけではありません。大人《おとな》になるまでには、勉強《べんきょう》したり、スポーツをしたり、仕事《しごと》をしたり、さまざまな経験《けいけん》を積《つ》みながら少《すこ》しずつ心《こころ》も成長《せいちょう》していきます。

これから、あなたも小学校《しょうがっこう》、中学校《ちゅうがっこう》、高校《こうこう》とすすむ中《なか》でたくさんの友《とも》だちと出会《であ》い、今《いま》まで以上《いじょう》にたくさんの経験《けいけん》をすることでしょう。うれしいこともあるだろうし、ときにはかなしいことや落《お》ちこむこともあるかもしれません。だけど、そのひとつひとつの経験《けいけん》があなたの心《こころ》を大《おお》きく成長《せいちょう》させてくれます。

大人《おとな》は体《からだ》だけではなく心《こころ》も成長《せいちょう》している！

これからあなたが経験《けいけん》するようなことを
大人《おとな》はたくさん経験《けいけん》してきたよ。

大人《おとな》は子《こ》どもより長《なが》く生《い》きている分《ぶん》、楽《たの》しかったことやはずかしかったことなどたくさんのことを経験《けいけん》して心《こころ》も成長《せいちょう》しているんだ。

体《からだ》だって、大《おお》きくなるためには、肉《にく》や魚《さかな》、野菜《やさい》、ご飯《はん》、パン、牛乳《ぎゅうにゅう》……といろいろなものを食《た》べて栄養《えいよう》をとらなくてはいけませんよね。心《こころ》もいっしょです。いろいろな経験《けいけん》をすることで心《こころ》は大《おお》きく育《そだ》つものなのです。

あなたも、いろいろなことに興味《きょうみ》をもって自分《じぶん》から積極的《せっきょくてき》にチャレンジしてみましょう。体《からだ》だけでなく心《こころ》も大《おお》きく成長《せいちょう》した大人《おとな》になってください。

（答《こた》え①）

瀧靖之先生の

賢い子を育てるコツ

子育《こそだ》てにゴールはある？

ゴールがあるとすれば、それは、子《こ》どもが将来《しょうらい》、ひとりの大人《おとな》として幸《しあわ》せな人生《じんせい》をおくることができる力《ちから》を育《そだ》てることだと思《おも》います。そのためには、夢《ゆめ》と自信《じしん》をもてるように、幼《おさな》いうちから好奇心《こうきしん》をのばしてあげることが大事《だいじ》です。

おとな

65

何《なん》才《さい》になったら大人《おとな》なの？

1

18才《さい》になったら

2

20才《さい》になったら

3

まわりが大人《おとな》として認《みと》めてくれたら

今《いま》の日本《にほん》では、20才《さい》になると「成人《せいじん》」と呼《よ》ばれます。つまり、大人《おとな》になるということです。また２０２２年《ねん》４月１日《がつついたち》からは法《ほう》りつが変《か》わり、２才《さい》引《ひ》き下《さ》げられて18才《さい》から「成人《せいじん》」になります。

でも、その年《ねん》れいがきたからといってだれでも大人《おとな》になれるわけではありません。自分勝手《じぶんかって》な行動《こうどう》ばかりしてまわりの人《ひと》たちを困《こま》らせていては、20才《さい》になっても、30才《さい》になっても、たとえ80才《さい》になっても、大人《おとな》と呼《よ》ぶことはできません。

日本《にほん》には「一人前《いちにんまえ》」という言葉《ことば》があります。「一人前《いちにんまえ》」とは、大人《おとな》の資格《しかく》があるということ、大人《おとな》として周囲《しゅうい》から認《みと》められるということです。いくら「私《わたし》は一人前《いちにんまえ》です！」と自分《じぶん》でいい張《は》っても、まわりの人《ひと》たちから認《みと》めてもらえなければ半人前《はんにんまえ》なのです。

では、どうすれば「一人前《いちにんまえ》」と認《みと》めてもらえるのでしょうか。それは、

年《ねん》れいよりも「一人前《いちにんまえ》」かどうかが大切《たいせつ》！

まわりの大人《おとな》から「一人前《いちにんまえ》」として
認《みと》められたら大人《おとな》といえるよ。

20才《さい》になったから、大人《おとな》というわけではないよ。大人《おとな》としてふさわしい行動《こうどう》や力《ちから》がそなわって、やっと大人《おとな》として認《みと》められるんだ。

自分《じぶん》の行動《こうどう》に責任《せきにん》をもつことです。「責任《せきにん》をもつ」とは、なにも「人《ひと》に頼《たよ》ってはいけない」ということではありません。

人《ひと》は助《たす》け合《あ》わなければ生《い》きていけない生《い》き物《もの》ですから、ときにはまわりの人《ひと》たちの力《ちから》を借《か》りたり相《そう》談《だん》したりすることも必要《ひつよう》です。大《たい》切《せつ》なのは、自分《じぶん》でしっかり考《かんが》えて行動《こうどう》するということです。一人前《いちにんまえ》の大人《おとな》になれるよう、考《かんが》える力《ちから》を身《み》につけてください。（答《こた》え③）

瀧靖之先生の

賢い子を育てるコツ

親《おや》も心《こころ》の成長《せいちょう》が必要《ひつよう》！

子育《こそだ》てをしていると、子《こ》どもが思《おも》うように動《うご》いてくれなくて、なかなかうまく行《い》かないこともありますよね。そんなときでも、親《おや》はイライラせず、安定《あんてい》した気《き》もちで子《こ》どもと接《せっ》しましょう。親《おや》になってからも心《こころ》の成長《せいちょう》が必要《ひつよう》です。

おとな

66

大人《おとな》がいうことは
ぜんぶ正《ただ》しいの？

1 ぜんぶ正《ただ》しい

2 ぜんぶまちがっている

3 ほとんど正《ただ》しいけど、たまにまちがえる人《にん》間《げん》は大人《おとな》になっても失敗《しっぱい》したり、後悔《こうかい》したりするものです。だから、「大人《おとな》がいうことはなにもかも正《ただ》しい。子《こ》どもはなんでもいうことを聞《き》かなければいけない」ということはできません。

ただし、大人《おとな》は子《こ》どもの何倍《なんばい》も長《なが》く生《い》き、あなたが知《し》らないことをたくさん経験《けいけん》して学《まな》んでいます。

たとえば、お母《かあ》さんから「ご飯《はん》を食《た》べる前《まえ》に手《て》を洗《あら》いなさい」と注意《ちゅうい》されたとしましょう。あなたは「手《て》なんか洗《あら》わなくても平気《へいき》なのに！」と思《おも》うかもしれませんが、実際《じっさい》、手《て》にはたくさんのばい菌《きん》がひそんでいます。手《て》を洗《あら》わずに食事《しょくじ》をとると、ばい菌《きん》が食《た》べ物《もの》といっしょに体《からだ》に入《はい》り込《こ》んでおなかがいたくなったりカゼをひいたりと、とても苦《くる》しい思《おも》いをすることになります。お母《かあ》さんは、それがわかっているからこそ、あなたに手《て》を洗《あら》うようにいってくれるのです。

大人《おとな》がいうことは、その大人《おとな》がいわれてきたこと！

失敗《しっぱい》したりおこられたりした経験《けいけん》があるから
大人《おとな》は注意《ちゅうい》をしているんだ。

大人《おとな》にも子《こ》どものころがあって、大人《おとな》からいろいろなことをいわれてきたよ。いわれたことが役《やく》に立《た》ったからあなたにもいっているんだ。

もしも、大人《おとな》のいうことがわからないときは「なんで、そんなことをいうのだろう?」と自分《じぶん》で考《かんが》えたり、直接《ちょくせつ》「どうしてなの?」と大人《おとな》に考《かんが》えを聞《き》いたりするといいでしょう。

ひとつのことでも、さまざまな考《かんが》えかたがあります。大人《おとな》の意見《いけん》を聞《き》くことで、自分《じぶん》では考《かんが》えてもいなかった、ものの見方《みかた》に気《き》づくことができるでしょう。

(答《こた》え③)

瀧靖之先生の

賢い子を育てるコツ

ものごとをたくさん知《し》っている人《ひと》から学《まな》ぼう

「本当《ほんとう》はこうしたほうがいい」とわかっていても、子《こ》どもへのはたらきかけがうまくいかないときや、行《い》きづまってしまったときは、ご自身《じしん》の親御《おやご》さんに相談《そうだん》してみましょう。子育《こそだ》ての先輩《せんぱい》として、なにかアドバイスをもらえますよ。

おとな

67

どうして大人《おとな》と住《す》むの？

1 大人《おとな》が子《こ》どもの成長《せいちょう》を助《たす》けるため

2 大人《おとな》が自由《じゆう》にさせてくれないから

3 子《こ》どもははたらけないから

あなたは今《いま》、大人《おとな》といっしょに暮《く》らし、食事《しょくじ》をしたり、お風呂《ふろ》に入《はい》ったりしていますね。映画《えいが》やドラマで子役《こやく》としてはたらいている子《こ》どもも大人《おとな》といっしょに住《す》んでいます。どうして子《こ》どもは大人《おとな》と住《す》むのでしょうか。

動物《どうぶつ》の世界《せかい》を見《み》ても、生《う》まれたときはみんな親《おや》と暮《く》らし、エサの探《さが》し方《かた》、群《む》れでの生活《せいかつ》の仕方《しかた》を一《いち》から教《おそ》わります。とくに人間《にんげん》の赤《あか》ちゃんの場合《ばあい》は、ウマのように生《う》まれてすぐ歩《ある》いたり走《はし》ったりすることができません。立《た》ち上《あ》がって歩《ある》きはじめるまでに1年《ねん》以上《いじょう》かかりますし、成人《せいじん》するまでには20年《ねん》もの時間《じかん》が必要《ひつよう》です。その間《あいだ》、大人《おとな》は、食事《しょくじ》をつくって食《た》べるものを与《あた》え、学校《がっこう》に行《い》ってしっかり学《まな》べるかんきょうをつくり、あなたを守《まも》ってくれているのです。

それだけではありません。あなたのように子《こ》どもの時期《じき》は、人間《にんげん》の芯《しん》

成長《せいちょう》には時間《じかん》がかかる！

成長《せいちょう》が必要《ひつよう》な時間《じかん》を
大人《おとな》が守《まも》ってくれているんだ。

大人《おとな》になるまで、心《こころ》と体《からだ》が成長《せいちょう》するために必《ひつ》要《よう》な食事《しょくじ》やもの、楽《たの》しい思《おも》い出《で》や愛情《あいじょう》など、たくさんのものをもらっているんだ。

となる部分《ぶぶん》を育《そだ》てる大切《たいせつ》なときです。木《き》にたとえるなら、種《たね》をまいて土《つち》の中《なか》に太《ふと》く強《つよ》い根《ね》をはるときなのです。しっかりした根《ね》があれば、木《き》が高《たか》くのびてもたおれませんが、根《ね》がしっかりしていなければ、木《き》はたおれてしまいます。

大人《おとな》と住《す》むのは、毎日《まいにち》いっしょに生活《せいかつ》する中《なか》で、将来《しょうらい》あなたが大人《おとな》になって活《かつ》やくできるための力《ちから》を身《み》につける大事《だいじ》な時期《じき》だからです。

（答《こた》え①）

瀧靖之先生の

賢い子を育てるコツ

お互《たが》いを助《たす》け合《あ》いながら生活《せいかつ》する

家族《かぞく》のだれかがこまって泣《な》いていたらなぐさめ、明《あか》るくわらえるようにはげます――。このように身近《みぢか》で助《たす》け合《あ》うことの大切《たいせつ》さを教《おし》えていきましょう。花《はな》の水《みず》やり、ペットのエサやりなど、具体的《ぐたいてき》な役《やく》わりを与《あた》えるといいですね。

おとな

68

どうして大人《おとな》のいうことを聞《き》かなくてはいけないの？

1 いうことを聞《き》かないとおい出《だ》されるから

2 教《おし》えてもらえるのは子《こ》どものころだけだから

3 法《ほう》りつできまっているから

あなたは、大人《おとな》から「へやをきれいにかたづけなさい」「夜《よる》ははやくねなさい」といわれたらどう思《おも》いますか。「どうして大人《おとな》のいうことを聞《き》かなければいけないの？」と思《おも》う人《ひと》もいるかもしれません。

　では、もしも大人《おとな》がなにもいってくれなくなったらどうなるでしょう。さいしょは、好《す》きなときに好《す》きなことをして毎日《まいにち》楽《たの》しく生活《せいかつ》できるかもしれません。だけど、まだ社会《しゃかい》のしくみもルールもなにも知《し》らないのに自由《じゆう》に生活《せいかつ》すると、思《おも》ってもみないことがいろいろおこってきます。たとえば、へやがちらかりっぱなしの状態《じょうたい》がつづいて病気《びょうき》になったり、ものがなくなったりしてしまいます。また、夜《よ》ふかしばかりすると、次《つぎ》の日《ひ》にねむたくて勉強《べんきょう》がはかどりません。それどころか、成長《せいちょう》ざかりの体《からだ》にも悪《わる》い影響《えいきょう》を与《あた》えてしまいます。

　そのうちに、「こんなはずじゃなかったのに」と後悔《こうかい》することになる

大人《おとな》は未来《みらい》のことを考《かんが》えている！

大人《おとな》は今《いま》だけじゃなくて、
明日《あした》のことや将来《しょうらい》のことも考《かんが》えて話《はな》すよ。

大人《おとな》は明日《あした》のことを考《かんが》えてはやくねなさいというし、勉強《べんきょう》しなさいというよ。大人《おとな》は未来《みらい》のことも考《かんが》えているんだ。

でしょう。大人《おとな》になると教《おし》えてもらえることがとても少《すく》なくなります。なにかをいわれるといやな気《き》もちになるかもしれませんが、あなたにとってとても役《やく》に立《た》つことを教《おし》えてくれています。

大人《おとな》が口《くち》うるさくいうのは、「かわいい子《こ》どもに、幸《しあわ》せな人生《じんせい》をおくってもらいたい」という愛情《あいじょう》があるからです。あなたのためを思《おも》っていっていることを覚《おぼ》えておいてくださいね。（答《こた》え②）

瀧靖之先生の

賢い子を育てるコツ

しかるときはほどほどに！

きびしくしかることが必要《ひつよう》なときもあると思《おも》いますが、日《にち》常的《じょうてき》にストレスを与《あた》えつづけると、脳《のう》の海馬《かいば》が萎縮《いしゅく》します。海馬《かいば》は記憶《きおく》を司《つかさど》る、子《こ》どもの成長《せいちょう》にとって重要《じゅうよう》な部分《ぶぶん》です。子《こ》どものストレスにならないよう、ほどほどに！

おとな

69

どうしてお年《とし》よりはシワが多《おお》いの？

1 新《あたら》しい皮《ひ》ふがつくられにくくなるから

2 子《こ》どものころからシワがあったから

3 皮《ひ》ふがきずついてしまったから

おじいちゃんやおばあちゃんの顔《かお》や手《て》、首《くび》などにはシワがありますよね。でもあなたの体《からだ》には見当《みあ》たらないでしょう。シワはどのようにしてできるのでしょうか。

自分《じぶん》ではわからないかもしれませんが、人間《にんげん》の体《からだ》は毎日少《まいにちすこ》しずつ新《あたら》しくなっています。転《ころ》んでひざをすりむいたときのことを思《おも》い出《だ》してみてください。何日《なんにち》かするときずついた皮《ひ》ふがつながって元《もと》どおりになりますよね。人間《にんげん》の皮《ひ》ふはつねに新《あたら》しく生《う》まれ変《か》わっているのです。これを「新陳代謝《しんちんたいしゃ》」といいます。

だけど、おじいちゃん、おばあちゃんのように、70才《さい》、80才《さい》と、長《なが》い間体《あいだからだ》をつかっていると新陳代謝《しんちんたいしゃ》が悪《わる》くなってきます。すると、若《わか》いころはピンとはっていた皮《ひ》ふがたるみ、内《うち》がわにつまっていた脂肪《しぼう》やコラーゲンという栄養《えいよう》も少《すく》なくなってスカスカの状態《じょうたい》になります。また、

年《とし》をとると肌《はだ》が新《あたら》しくなる回数《かいすう》がへる！

皮《ひ》ふを新《あたら》しくする新陳代謝《しんちんたいしゃ》が
年《とし》をとるごとに悪《わる》くなってシワの原因《げんいん》になるよ。

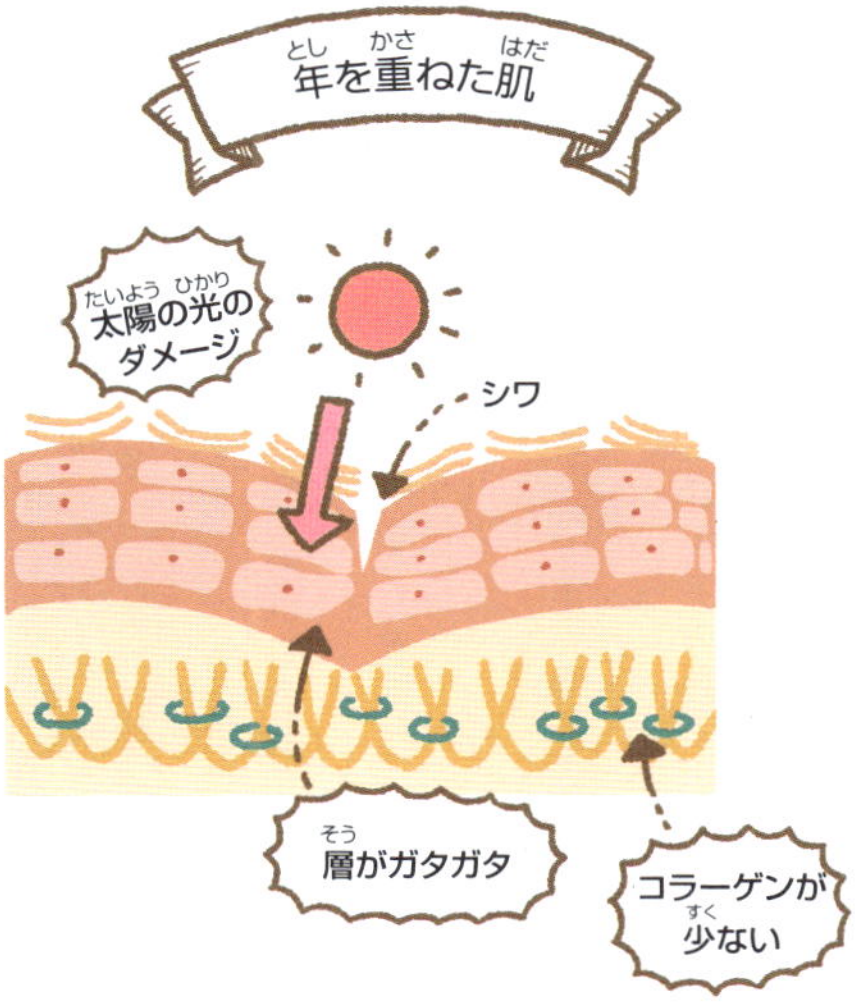

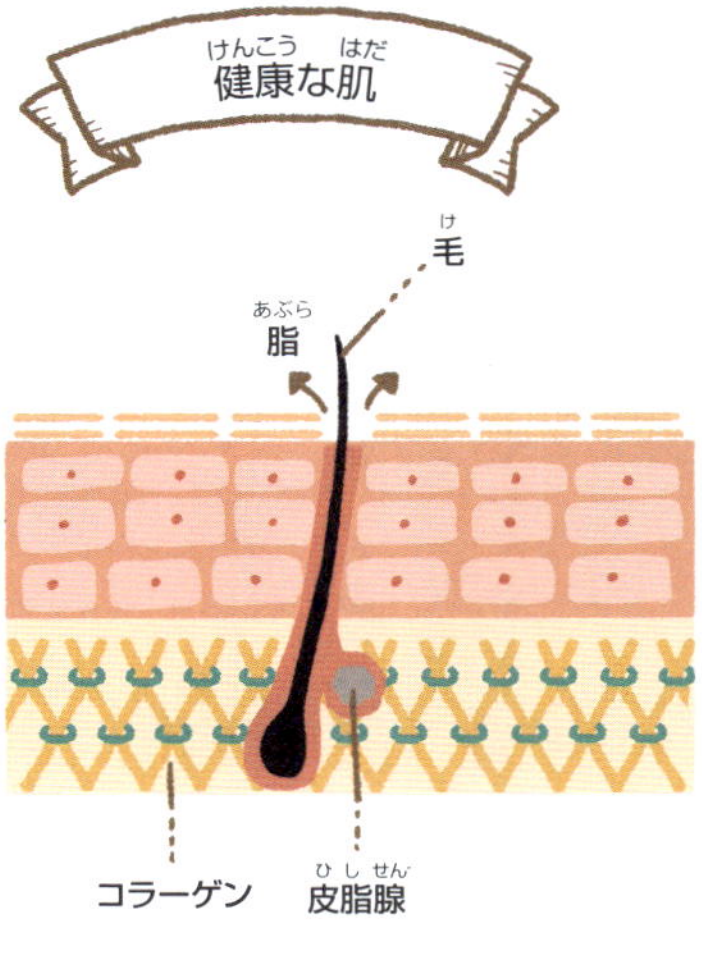

新陳代謝《しんちんたいしゃ》が悪《わる》くなると皮《ひ》ふがゆるんだ状態《じょうたい》になるよ。肌《はだ》の下《した》の脂肪《しぼう》やコラーゲンもへるからピンとはらずにシワになるんだ。

きん肉《にく》もゆるんで弾力《だんりょく》がなくなってしまうのです。

皮《ひ》ふはうすい紙《かみ》のようなものです。丸《まる》めた紙《かみ》を伸《の》ばしてもシワが残《のこ》るように、皮《ひ》ふのシワもとれなくなります。最初《さいしょ》は皮《ひ》ふに小《ちい》さなシワができる程度《ていど》ですが、毎日《まいにち》わらって口《くち》を大《おお》きくひらいたり、おこって目《め》を見《み》ひらいたり、いろいろな表情《ひょうじょう》をつくるごとになんどもシワができて少《すこ》しずつふかくなっていくのです。（答《こた》え①）

瀧靖之先生の

賢い子を育てるコツ

世代《せだい》をこえた交流《こうりゅう》もおすすめ！

お年《とし》よりは長《なが》く生《い》きてきたぶん、いろいろな経験《けいけん》をし、知《ち》識《しき》が豊富《ほうふ》です。いっしょに昔《むかし》の遊《あそ》びを楽《たの》しんだり、若《わか》いころの話《はなし》を聞《き》いたりしましょう。世代《せだい》をこえた交流《こうりゅう》は、子《こ》どものコミュニケーション能《のう》力《りょく》をのばします。

イベント

70

サンタクロースはいるの？

1 ひとりのサンタクロースがいる

2 たくさんのサンタクロースがいる

3 サンタクロースはいない

サンタクロースはもともとセント・ニクラウスという名《な》前《まえ》の人《ひと》のことでした。サンタクロースはこのセント・ニクラウスがなまったものです。セント・ニクラウスさんは、貧《まず》しい３人《にん》の娘《むすめ》のために金貨《きんか》を煙突《えんとつ》から投《な》げ入《い》れてプレゼントしました。この金貨《きんか》はだんろにつるしてあったくつ下《した》に入《はい》ったそうです。

セント・ニクラウスさんは１６００年前《ねんまえ》にギリシャにいた人《ひと》です。でも今《いま》でも世界中《せかいじゅう》の子《こ》どもにサンタクロースからプレゼントが届《とど》きますよね。これは、セント・ニクラウスさんのやさしい気《き》もちを引《ひ》きついだたくさんのサンタクロースが、子《こ》どもにプレゼントをあげているからです。もしかしたらあなたも、大人《おとな》になってセント・ニクラウスさんの気《き》もちを引《ひ》きついだら、サンタクロースになるのかもしれません。

サンタクロースがプレゼントをくれるクリスマスにはみんなでおいわ

サンタクロースは世《せ》界《かい》中《じゅう》にいる！

フィンランドにはサンタクロース村《むら》が
あって手紙《てがみ》をおくると返事《へんじ》をしてくれるよ。

サンタクロースはたくさんいるよ。オーストラリアの12月《がつ》は夏《なつ》だからサンタクロースもサーフィンに乗《の》ってやってくるんだ。

いをします。これはもともとキリスト教《きょう》のおまつりでした。クリスマスはキリスト教《きょう》をはじめたイエス・キリストが生《う》まれた日《ひ》といわれています。キリスト教《きょう》を信《しん》じている人《ひと》はクリスマスに教会《きょうかい》に行《い》っておいのりをしたり、家族《かぞく》そろってごちそうを食《た》べたりします。日《に》本《ほん》ではキリスト教《きょう》を信《しん》じていない人《ひと》もクリスマスをおいわいしますが、これは日本人《にほんじん》がおまつり好《ず》きだからです。（答《こた》え②）

瀧靖之先生の

賢い子を育てるコツ

サンタクロースにまつわる物語《ものがたり》を楽《たの》しもう

読《よ》みつがれているロングセラーや色彩《しきさい》が美《うつく》しい絵本《えほん》など、サンタクロースが登場《とうじょう》する作品《さくひん》はたくさんあります。子《こ》どもはもちろん大人《おとな》も楽《たの》しめるものが多《おお》いので、いっしょに楽《たの》しみ、クリスマス気《き》分《ぶん》をもり上《あ》げましょう。

イベント

71

どうしていろいろな国《くに》でオリンピックをするの？

1 たくさんの国《くに》の人《ひと》が交流《こうりゅう》するため

2 1か所《しょ》で行《おこな》うともり上《あ》がらないから

3 開催《かいさい》する国《くに》が法《ほう》りつできまっているから

オリンピックはもともと大昔《おおむかし》のギリシャのオリンピアという町《まち》で行《おこな》われていた神様《かみさま》をたたえるためのおまつりでした。オリンピックを行《おこな》っている間《あいだ》は、国同士《くにどうし》の争《あらそ》いはやめました。このことからオリンピックは「聖《せい》なる休戦《きゅうせん》」といわれていました。この昔《むかし》のオリンピックは１６００年前《ねんまえ》に終《お》わってしまいました。

しかし、今《いま》から１２０年《ねん》ほど前《まえ》にオリンピックが復活《ふっかつ》して、第《だい》１回《かい》の大会《たいかい》はギリシャで行《おこな》われました。人間《にんげん》の歴史《れきし》の中《なか》ではかなしい戦争《せんそう》がたくさんありました。さまざまな国《くに》の人《ひと》がスポーツをとおして交流《こうりゅう》して平《へい》和《わ》な世界《せかい》を目《め》ざそうと考《かんが》えたのです。オリンピックのシンボルマークである５つの輪《わ》は、アジア、ヨーロッパ、アフリカ、南北《なんぼく》アメリカ、オーストラリアをあらわしています。そして輪《わ》が重《かさ》なっているのは、世界《せかい》中《じゅう》の人々《ひとびと》がむすばれるようにという意味《いみ》がこめられています。いろいろ

オリンピックは世界中《せかいじゅう》の人《ひと》の交流《こうりゅう》が目的《もくてき》！

世界中《せかいじゅう》の国《くに》でオリンピックがひらかれているけれど
アフリカではまだ開催《かいさい》されていないんだ。

同《おな》じルールのスポーツをとおして交流《こうりゅう》することで国同士《くにどうし》がけんかをするのはやめようという目的《もくてき》があるんだ。

な国《くに》で行《おこな》われるのも、さまざまな国《くに》で行《おこな》うことで、国同士《くにどうし》の交流《こうりゅう》をよりふかめるためです。

オリンピックといっしょに行《おこな》われるのが、しょうがい者《しゃ》のためのスポーツのおまつりであるパラリンピックです。パラリンピックは今《いま》からだいたい60年《ねん》ほど前《まえ》にはじまりました。

２０２０年《ねん》には、東京《とうきょう》でオリンピックとパラリンピックが行《おこな》われます。

（答《こた》え①）

瀧靖之先生の

賢い子を育てるコツ

昔《むかし》は意外《いがい》な競技《きょうぎ》もあった！

今《いま》のオリンピックには、夏季《かき》の場合《ばあい》、「男子《だんし》では少《すく》なくとも75か国《こく》4大陸《たいりく》で、女子《じょし》では少《すく》なくとも40か国《こく》3大陸《たいりく》で広《ひろ》く行《おこな》われている競技《きょうぎ》のみ」という規定《きてい》があります。昔《むかし》、魚《さかな》つりやつな引《ひ》きが行《おこな》われていたこともあったそうです。

イベント

72

どうして元日《がんじつ》におめでとうございますというの？

1 家《いえ》に神様《かみさま》が来《き》ておめでたいから

2 お年玉《としだま》がもらえるから

3 前《まえ》の年《とし》のいやなことがなしになるから

お正月《しょうがつ》には、おせち料理《りょうり》を食《た》べたり、神社《じんじゃ》やお寺《てら》におまいりしたりと、いろいろなことをしますよね。元日《がんじつ》には、「明《あ》けましておめでとうございます」といいます。いったいどうして「おめでとう」というのでしょうか。

それは、元日《がんじつ》には、その年《とし》1年《ねん》の幸《しあわ》せを運《はこ》んでくれる守《まも》り神《がみ》である年《とし》神様《がみさま》をお迎《むか》えするからです。鏡《かがみ》もちやおせち料理《りょうり》はこの年神様《としがみさま》へのおそなえ物《もの》ですし、しめなわかざりや門松《かどまつ》は年神様《としがみさま》が来《く》るための目《め》じるしになるものです。おそなえ物《もの》を年神様《としがみさま》といっしょに食《た》べることで、年神様《としがみさま》のお力《ちから》をいただけるといわれています。

新年《しんねん》を迎《むか》える前《まえ》に大《おお》そうじをするのも年神様《としがみさま》をお迎《むか》えするのに失礼《しつれい》がないようにする意味《いみ》があります。お正月《しょうがつ》は年神様《としがみさま》がいらっしゃるおめでたいときなので、「おめでとう」というのです。

元日《がんじつ》は年神様《としがみさま》を迎《むか》える大切《たいせつ》な日《ひ》！

元日《がんじつ》は、年神様《としがみさま》が家《いえ》に来《く》るし、
日本人全員《にほんじんぜんいん》の誕生日《たんじょうび》だったんだ。

元日《がんじつ》に年神様《としがみさま》を迎《むか》えて1年間《ねんかん》の幸《しあわ》せをお願《ねが》いするんだ。また昔《むかし》の人《ひと》は元日《がんじつ》に年《とし》をとると考《かんが》えたから、とてもおめでたい日《ひ》なんだ。

それだけではありません。昔《むかし》の日本《にほん》では、年《ねん》れいは数《かぞ》え年《どし》という数《かぞ》え方《かた》をしていました。数《かぞ》え年《どし》では、1月1日《がつついたち》を迎《むか》えると年《とし》をひとつ足《た》しました。4月生《がつう》まれの人《ひと》も11月生《がつう》まれの人《ひと》もみんな1月1日《がつついたち》に1才《さい》、年《とし》をとったのです。あなたも誕生日《たんじょうび》に家族《かぞく》や友《とも》だちからおいわいをしてもらったことがあると思《おも》います。1月1日《がつついたち》は、日本《にほん》人全員《じんぜんいん》の誕生日《たんじょうび》だったわけです。

（答《こた》え①）

瀧靖之先生の

賢い子を育てるコツ

おせち料理《りょうり》をいっしょにつくろう

最近《さいきん》はネット通販《つうはん》などで手軽《てがる》におせち料理《りょうり》が買《か》えますが、黒豆《くろまめ》や、すのものなど、あまり手間《てま》のかからないものを子《こ》どもと手《て》づくりしてみませんか？　どんな意味《いみ》がこめられているのか話《はな》しながら、いっしょにつくりましょう。

イベント

73

どうして夏休《なつやす》みは長《なが》いの？

1 学校《がっこう》の先生《せんせい》が休《やす》みたいから

2 夏休《なつやす》みが長《なが》いヨーロッパの学校《がっこう》をお手本《てほん》にしたから

3 カブトムシをとったりアサガオを育《そだ》てるため

夏《なつ》

休《やす》みは日本《にほん》の法《ほう》りつでとるようにきめられています。日本《にほん》の学校《がっこう》は、ヨーロッパの学校《がっこう》をお手本《てほん》にしてつくられました。ヨーロッパでは、夏《なつ》になると大人《おとな》も長《なが》い期間《きかん》お休《やす》みをとって旅行《りょこう》をしたりするバカンスという風習《ふうしゅう》があります。

また日本《にほん》では学校《がっこう》がはじまるのは4月《がつ》からですが、ヨーロッパでは9月《がつ》からはじまります。ヨーロッパの夏休《なつやす》みは学校《がっこう》がはじまる前《まえ》の準備《じゅんび》期《き》間《かん》の意味《いみ》もあります。ヨーロッパの国《くに》では夏休《なつやす》みが3か月《げつ》もあったり、宿題《しゅくだい》がなかったりします。うらやましいですよね。

夏休《なつやす》みの長《なが》さは、だいたい1か月半《げつはん》ほどですが、全国《ぜんこく》で同《おな》じではありません。夏《なつ》もそれほどあつくならない北海道《ほっかいどう》は1か月《げつ》もありません。昔《むかし》はエアコンがなく、あつい中《なか》で勉強《べんきょう》することは大変《たいへん》でした。そのため夏《なつ》は学校《がっこう》を休《やす》みにして家《いえ》で勉強《べんきょう》するようになったとも考《かんが》えられています。

夏休《なつやす》みは都道府県《とどうふけん》によって長《なが》さがちがう！

もっとも短《みじか》い夏休《なつやす》みは北海道《ほっかいどう》の25日程度《にちていど》、
長《なが》いところだと45日《にち》くらいあるよ。

学校《がっこう》に夏休《なつやす》みがあるのは法《ほう》りつできまっているんだ。でもその長《なが》さは法《ほう》りつできまっていないから住《す》んでいる場所《ばしょ》によってちがうよ。

また、学校《がっこう》の先生《せんせい》は夏休《なつやす》みで授《じゅ》業《ぎょう》がなくても、はたらいています。

大人《おとな》も8月《がつ》の中《なか》ごろには、お休《やす》みをする会社《かいしゃ》が多《おお》くあります。この時期《じき》にはお盆《ぼん》があります。お盆《ぼん》は、日本人《にほんじん》が昔《むかし》から行《おこな》ってきた行《ぎょう》事《じ》のひとつです。お盆《ぼん》の季節《きせつ》には、先祖《せんぞ》のたましいが家《いえ》にもどってくると考《かんが》えられ、家族《かぞく》がそろってお迎《むか》えする風習《ふうしゅう》があります。お盆《ぼん》に実家《じっか》に帰《かえ》るためにも夏休《なつやす》みはあるのです。

（答《こた》え②）

瀧靖之先生の

賢い子を育てるコツ

世界《せかい》の7割《わり》の国《くに》が
9月《がつ》から新学年《しんがくねん》

9月《がつ》から新学年《しんがくねん》がはじまる国《くに》もある！

日本《にほん》では4月《がつ》から新学年《しんがくねん》がはじまりますが、アメリカ、イギリス、フランス、ロシア、中国《ちゅうごく》など、世界《せかい》の7割《わり》の国《くに》は9月《がつ》からはじまります。韓国《かんこく》は3月《がつ》、タイは5月《がつ》、フィリピンは6月《がつ》からといろいろです。おもしろいですね！

イベント

74

どうしてけっこんをするの？

1 けっこんするのが当《あ》たり前《まえ》だから

2 けっこんしなさいといわれるから

3 好《す》きな人《ひと》と助《たす》け合《あ》って生《い》きていくため

お

互《たが》いに好《す》きな人同士《ひとどうし》がずっといっしょにいられたら楽《たの》しいですよね。うれしいことをともによろこび、かなしいときはそのかなしみを少《すく》なくすることができます。またふたりであればお金《かね》を出《だ》し合《あ》って、家《いえ》や家具《かぐ》などを買《か》っていっしょにつかえて便利《べんり》ですし、子《こ》どもが生《う》まれたらいっしょに子育《こそだ》てができます。

けっこんするためには、役所《やくしょ》にこんいん届《とどけ》という書類《しょるい》を出《だ》します。このこんいん届《とどけ》を出《だ》すと、法《ほう》りつでふたりは夫婦《ふうふ》と認《みと》められるようになります。

好《す》きになるのは男《おとこ》の人《ひと》と女《おんな》の人《ひと》のくみ合《あ》わせとはかぎりません。男同《おとこどう》士《し》や女同士《おんなどうし》で好《す》きになったりすることもあります。そのため、外国《がいこく》の中《なか》には男同士《おとこどうし》、女同士《おんなどうし》でもけっこんできる国《くに》があります。ただし、今《いま》の日《に》本《ほん》の法《ほう》りつでは、男同士《おとこどうし》や女同士《おんなどうし》のけっこんは認《みと》められていません。

けっこんにもいろいろな考《かんが》え方《かた》がある！

けっこんの考《かんが》え方《かた》は国《くに》や文化《ぶんか》、
時代《じだい》によっても変《か》わるんだ。

外国《がいこく》には男同士《おとこどうし》、女同士《おんなどうし》がけっこんできたり、ひとりの夫《おっと》に何人《なんにん》かの妻《つま》、ひとりの妻《つま》に何人《なんにん》かの夫《おっと》をもつことができる国《くに》もあるんだ。

こんいん届《とどけ》を出《だ》さずに、夫婦《ふうふ》と同《おな》じような暮《く》らしをする人《ひと》たちもいます。また仕事《しごと》や好《す》きなことなど、やりたいことを思《おも》いっきりするためにけっこんをしないことを選《えら》ぶ人《ひと》もいます。

昔《むかし》は男《おとこ》の人《ひと》と女《おんな》の人《ひと》が大人《おとな》になるとけっこんするのが当《あ》たり前《まえ》だと思《おも》われてきました。しかし、今《いま》はけっこんについて、多《おお》くの人《ひと》がいろいろな考《かんが》えをもつようになってきました。（答《こた》え③）

昔《むかし》と今《いま》のけっこんのしかたをくらべよう

お父《とう》さんとお母《かあ》さんは、どんなふうにけっこんしたのか聞《き》いてみましょう。おじいちゃんやおばあちゃんにも聞《き》いて、ちがいをくらべましょう。昔《むかし》は、親《おや》が相手《あいて》を選《えら》んだり、お見合《みあ》いをしたりしてけっこんをきめることもありました。

イベント

75

どうして休日《きゅうじつ》の遊園地《ゆうえんち》はこんでるの？

1 ほかに行《い》くところがないから

2 日本《にほん》には人《ひと》がたくさんいて、どこもこんでいるから

3 人気《にんき》があり、お休《やす》みの人《ひと》が多《おお》い日《ひ》だから

遊《ゆう》園地《えんち》や動物園《どうぶつえん》、水族館《すいぞくかん》などは楽《たの》しいですよね。でも学校《がっこう》がお休《やす》みの日《ひ》に行《い》くととてもこんでいることがあります。すいていればたくさん遊《あそ》べるのにと思《おも》うこともあるでしょう。

遊園地《ゆうえんち》などに人《ひと》がたくさんいる理由《りゆう》はあなたがいちばんよく知《し》っています。なぜあなたはその日《ひ》にその場所《ばしょ》に行《い》ったのでしょうか。そこが楽《たの》しい場所《ばしょ》だから、そこに行《い》ってみたいから、といった理由《りゆう》があるはずです。遊園地《ゆうえんち》に来《き》ているほかの人《ひと》たちも同《おな》じように思《おも》って来《き》ています。

でもいつでも遊園地《ゆうえんち》に行《い》けるわけではありませんよね。あなたが学校《がっこう》がお休《やす》みの日《ひ》でないと行《い》けないし、お父《とう》さんやお母《かあ》さんなど、いっしょに行《い》ってくれる大人《おとな》もお休《やす》みでなければ行《い》けません。

大人《おとな》と子《こ》どもが両方《りょうほう》お休《やす》みの日《ひ》に、みんなが行《い》きたいところに行《い》くから遊園地《ゆうえんち》はこむのです。

遊園地《ゆうえんち》がこむ理由《りゆう》は人気《にんき》があるから！

みんなが同《おな》じ日《ひ》に同《おな》じような理由《りゆう》で
行《い》くから遊園地《ゆうえんち》はこんでしまうんだ。

場所《ばしょ》や楽《たの》しさ、値段《ねだん》、行《い》ける日《ひ》などを考《かんが》えて
人《ひと》は行《い》くところをきめるよ。こむ場所《ばしょ》は行《い》き
たい条件《じょうけん》がたくさん当《あ》てはまる場所《ばしょ》なんだ。

たとえば、お昼《ひる》になるとみんなごはんを食《た》べたくなります。そしてなるべくおいしいごはんを食《た》べたいですよね。するとごはんがおいしいお店《みせ》にお昼《ひる》の時間《じかん》に多《おお》くの人《ひと》が集《あつ》まります。でもそのようなお店《みせ》でもお昼《ひる》の時間以外《じかんいがい》に行《い》けば、すいていることがあります。休日《きゅうじつ》に人気《にんき》のあるところがこんでいるのは、みんなが行《い》きたいところであり、人《ひと》が集《あつ》まりやすい日《ひ》だからです。（答《こた》え③）

瀧靖之先生の

賢い子を育てるコツ

遊園地《ゆうえんち》の乗《の》り物《もの》、なにが好《す》き？

遊園地《ゆうえんち》には、楽《たの》しい乗《の》り物《もの》がたくさんそろっています。あなたは、どの乗《の》り物《もの》が好《す》きで、どれが苦手《にがて》ですか？　話《はな》し合《あ》って、遊園地《ゆうえんち》に行《い》く計画《けいかく》を立《た》てましょう。親子《おやこ》で楽《たの》しむことが、子《こ》どもの能力《のうりょく》を伸《の》ばします。

イベント

76

どうして誕生日《たんじょうび》にケーキを食《た》べるの？

1 みんなでわけて食《た》べられるから

2 太陽《たいよう》の神様《かみさま》へのおそなえ物《もの》だったから

3 月《つき》の神様《かみさま》へのおそなえ物《もの》だったから

誕《たん》

生日《じょうび》にケーキでおいわいをしたことはありますか。誕生日《たんじょうび》におい わいの歌《うた》を歌《うた》ってもらい、ローソクの火《ひ》をふき消《け》すとうれしくなりますよね。じつは誕生日《たんじょうび》にケーキを食《た》べる風習《ふうしゅう》の歴史《れきし》はとても古《ふる》いのです。

その昔《むかし》、ギリシャという国《くに》では、誕生日《たんじょうび》にアルテミスという月《つき》の神《かみ》様《さま》にケーキをおそなえして、みんなでおいわいをして食《た》べました。誕《たん》生日《じょうび》に丸《まる》いケーキを食《た》べるのは、丸《まる》い形《かたち》が満月《まんげつ》の形《かたち》だからです。

月《つき》は、三日月《みかづき》や満月《まんげつ》などに形《かたち》を変《か》えます。昔《むかし》の人《ひと》は月《つき》の形《かたち》が変《か》わることから1年《ねん》のこよみを考《かんが》えました。1年《ねん》が12の「月《つき》」となっているのはこのためです。月《つき》の神様《かみさま》はこよみの神様《かみさま》でもあるので、誕生日《たんじょうび》に月《つき》の神様《かみさま》にケーキをおそなえしたのです。ローソクの火《ひ》は、月《つき》の光《ひかり》をあらわしていたり、魔《ま》よけや空《そら》の神様《かみさま》に願《ねが》いごとを届《とど》けるといった意味《いみ》がある

誕生日《たんじょうび》ケーキは2000年《ねん》以上前《いじょうまえ》からあった！

誕生日《たんじょうび》にケーキを食《た》べる風習《ふうしゅう》は
古代《こだい》のギリシャで生《う》まれたよ。

ケーキは月《つき》の神様《かみさま》へのおそなえ物《もの》だったんだ。ローソクの火《ひ》は月《つき》の光《ひかり》をあらわしたり、神様《かみさま》に願《ねが》いを届《とど》けるためにつけたんだ。

と考《かんが》えられています。

日本《にほん》で誕生日《たんじょうび》にケーキでおいわいするようになったのは、70年《ねん》くらい前《まえ》からです。それまで日本《にほん》では、1月1日《がつついたち》にみんなが年《とし》をとると考《かんが》えていました。そのためお正月《しょうがつ》においわいをして、誕生日《たんじょうび》はおいわいをしませんでした。

あなたのひいおじいさんやひいおばあさんが子《こ》どものころは誕生《たんじょう》日《び》ケーキも誕生日《たんじょうび》のおいわいもしなかったかもしれません。（答《こた》え③）

瀧靖之先生の

賢い子を育てるコツ

願《ねが》いごとをして ローソクの火《ひ》を消《け》そう

欧米《おうべい》では誕生日《たんじょうび》ケーキのローソクの火《ひ》を消《け》す前《まえ》に、心《こころ》の中《なか》で願《ねが》いごとをします。そして、ひと息《いき》に火《ひ》をふき消《け》すと願《ねが》いごとがかなえられるといわれています。ふき消《け》す瞬《しゅん》間《かん》、ワクワクしますね。あなたはなにを願《ねが》いますか？

イベント

77

どうしてプレゼントをあげるの？

1

プレゼントをあげないと友《とも》だちになれないから

2

「ありがとう」の気《き》もちを目《め》に見《み》えるようにするため

3

相《あい》手《て》にいうことをきいてもらいたいから

誕《たん》生日《じょうび》や学校《がっこう》への入学《にゅうがく》のときなどにプレゼントをもらうことがありますよね。またなにかをしてもらったお礼《れい》にプレゼントをあげることもあります。

「ありがとう」「おめでとう」といわれるとうれしいですよね。プレゼントはこのような言葉《ことば》をものに変《か》えて伝《つた》えることです。「ありがとう」「おめでとう」という気《き》もちは目《め》には見《み》えません。プレゼントをあげることでこのような気《き》もちを目《め》に見《み》える形《かたち》にしてあらわしているのです。

プレゼントをもらうとうれしいのは、「それが自分《じぶん》にとってほしかったものだから」「ただでもらえて得《とく》したから」というような理由《りゆう》からだけではありません。同《おな》じおもちゃでも自分《じぶん》で買《か》うよりも、だれかからもらったときのほうが何倍《なんばい》もうれしい気《き》もちになりませんか。これはおもちゃといっしょに相手《あいて》のあたたかい気《き》もちがもらえたからです。

プレゼントには気《き》もちも入《はい》っている！

プレゼントをあげるとうれしい時間《じかん》を
相手《あいて》といっしょにもつことができるよ。

値段《ねだん》の高《たか》い安《やす》いに関係《かんけい》なく、プレゼントをもらうとうれしいのは気《き》もちがこめられているからなんだ。

プレゼントをもらうともちろんうれしいですが、プレゼントをあげるときも幸《しあわ》せな気《き》もちになりますよね。これは相手《あいて》がよろこんでくれることをあなたも同《おな》じようにうれしく感《かん》じるからです。

　うれしい気《き》もちを相手《あいて》ともつことで、その時間《じかん》はふたりにとって大切《たいせつ》な思《おも》い出《で》になるかもしれません。プレゼントをとおして、いっしょにうれしい気《き》もちになることができるのです。　（答《こた》え②）

瀧靖之先生の

賢い子を育てるコツ

家族《かぞく》にプレゼントをおくろう

いつもお世話《せわ》をしてくれているお父《とう》さん、お母《かあ》さん、おじいちゃん、おばあちゃんに、「ありがとう」という気《き》もちをこめたプレゼントをおくりましょう。似顔絵《にがおえ》や折《お》り紙《がみ》など、どんなものでもきっとよろこんでくれますよ。

せいかつ

78

どうしてそうじをするの？

1 病《びょう》気《き》にならないようにするため

2 そうじをしないとおこられるから

3 そうじをすると体《からだ》がきたえられるから

あなたもごはんを食《た》べる前《まえ》やトイレのあとは手《て》を洗《あら》いますよね。これは手《て》に目《め》には見《み》えないばい菌《きん》がついているからです。ばい菌《きん》が手《て》についたまま食《た》べ物《もの》を食《た》べたりすると、手《て》からばい菌《きん》が口《くち》に入《はい》り、病気《びょうき》になってしまうことがあります。

こぼれたジュースや食《た》べ物《もの》のカスなどは、ばい菌《きん》が増《ふ》える原因《げんいん》になってしまいます。でもなにかを落《お》としたりしていなくても、家《いえ》でも学校《がっこう》でも会社《かいしゃ》でもそうじをしますよね。旅行《りょこう》から家《いえ》に帰《かえ》ってきたときに、ゆかやつくえにほこりがたまっていることがあります。うす暗《ぐら》いへやに太陽《たいよう》の光《ひかり》がさしているところを見《み》てみると、きらきらと光《ひか》る小《ちい》さなものが見《み》えます。これは空気中《くうきちゅう》にふわふわと浮《う》いている小《ちい》さなほこりです。人《ひと》がいなくなると、空気《くうき》がかきまわされなくなるので、これらのほこりが下《した》に落《お》ちてきます。だからいつもそうじをしているへやでも、しばらくす

きれいなへやは心《こころ》と体《からだ》を健康《けんこう》にする！

ゴミが多《おお》いとばい菌《きん》が増《ふ》えたり
いやな気《き》もちになってしまうよ。

ゴミがたくさんあったり、窓《まど》が割《わ》れている建《たて》物《もの》があると犯罪《はんざい》が増《ふ》えるという研究《けんきゅう》もあるよ。
きれいなへやは心《こころ》の健康《けんこう》にもつながるんだ。

るとまたほこりがゆかにたまってしまうのです。そして、ほこりもばい菌《きん》の住《す》み家《か》になってしまいます。

そうじは病気《びょうき》にならないためだけにするわけではありません。きれいなへやは気《き》もちがいいですよね。反対《はんたい》にきたないへやでは、遊《あそ》んだり勉強《べんきょう》したりするのがいやになることでしょう。へやをそうじすることで、心《こころ》も体《からだ》も健康《けんこう》でいられるのです。（答《こた》え①）

瀧靖之先生の

賢い子を育てるコツ

そうじのお手伝《てつだ》いをしよう！

乳幼児期《にゅうようじき》からいっしょにそうじをする習《しゅう》かんをつけましょう。1〜2才《さい》はおもちゃの片《かた》づけ、3〜4才《さい》は窓《まど》ふきやゴミすて、5〜6才《さい》はお風呂《ふろ》・トイレそうじ……と、成長《せいちょう》に合《あ》わせたお手伝《てつだ》いで責任感《せきにんかん》や集《しゅう》中力《ちゅうりょく》などが育《そだ》ちます。

せいかつ

79

どうしてごはんは残《のこ》さず食《た》べないといけないの？

1 大人《おとな》におこられるから

2 すてるのがめんどうだから

3 栄養《えいよう》やつくった人《ひと》の気《き》もちが入《はい》っているから

好《す》きなものはたくさん食《た》べたいし、きらいなものはなるべく食《た》べたくありませんよね。でも食事《しょくじ》は、ただおなかがいっぱいになればいいというわけではありません。

食《た》べ物《もの》にはいろいろな栄養《えいよう》があります。体《からだ》を大《おお》きくするための栄養《えいよう》、体《からだ》を健康《けんこう》にして病気《びょうき》をふせぐ栄養《えいよう》、走《はし》ったり考《かんが》えたりするためのエネルギーとなる栄養《えいよう》などです。体《からだ》を大《おお》きくするための栄養《えいよう》だけをとっていると、病気《びょうき》になりやすくなったり、すぐにつかれたりしてしまいます。

学校《がっこう》の給食《きゅうしょく》や家《いえ》での食事《しょくじ》には、こうしたたくさんの栄養《えいよう》がとれるように、肉《にく》や野菜《やさい》、ご飯《はん》など、いろいろな食材《しょくざい》がつかわれています。お肉《にく》だけを食《た》べても、お菓子《かし》だけを食《た》べてもじょうぶな体《からだ》はつくれません。好《す》ききらいをしないで食《た》べるようにしましょう。

あなたが食《た》べる食事《しょくじ》には、栄養《えいよう》のほかに大切《たいせつ》なものがこめられていま

食事《しょくじ》には栄養《えいよう》と人《ひと》の気《き》もちが入《はい》っている！

食《た》べ物《もの》によって入《はい》っている栄養《えいよう》がちがうから
好《す》ききらいをしないで食《た》べなくちゃいけないんだ。

食《た》べ物《もの》が出《で》てくるまでには、その食材《しょくざい》をとった人《ひと》、運《はこ》んだ人《ひと》、売《う》った人《ひと》、料理《りょうり》した人《ひと》など、たくさんの人《ひと》がかかわっているんだ。

す。ひとつはその食材自身《しょくざいじしん》の命《いのち》です。動物《どうぶつ》はほかの生《い》き物《もの》を食《た》べることで生《い》きることができます。人間《にんげん》も同《おな》じです。ウシやマグロ、ニワトリなども、料理《りょうり》になる前《まえ》は生《い》きていました。その大切《たいせつ》な命《いのち》をいただいているからムダにしてはいけないのです。また料理《りょうり》には料理《りょうり》をつくった人《ひと》の気《き》もちもこめられています。食事《しょくじ》をするということは、栄養《えいよう》のほかに、命《いのち》と気《き》もちもいただいているのです。（答《こた》え③）

瀧靖之先生の

賢い子を育てるコツ

成長《せいちょう》に必要《ひつよう》な5大栄養素《だいえいようそ》って？

自分《じぶん》の好《す》きなものだけを食《た》べていては大《おお》きくなれません。成長《せいちょう》に必要《ひつよう》な、肉《にく》や魚《さかな》などのたんぱく質《しつ》、ご飯《はん》やパンなどの糖質《とうしつ》、野菜《やさい》やくだものなどのビタミン、ミネラル、脂質《ししつ》といった5大栄養素《だいえいようそ》をバランスよくとることが大切《たいせつ》です。

せいかつ

80

どうして朝《あさ》おきて夜《よる》ねるの？

1 夜《よる》にはおばけが出《で》るから

2 体《からだ》を大《おお》きく、じょうぶにするため

3 暗《くら》くなると外《そと》で遊《あそ》べないから

動《どう》物《ぶつ》の中《なか》には昼《ひる》にねて、夜《よる》に行動《こうどう》する動物《どうぶつ》もいますよね。大人《おとな》の中《なか》には、夜《よる》にはたらいて昼《ひる》にねる人《ひと》もいます。すいみんをしっかりとれば、人間《にんげん》は夜《よる》におきていてももんだいなく生《い》きることができます。

でも夜《よる》になるとねるようにいわれますよね。学校《がっこう》は昼間《ひるま》にあるため、夜《よる》におきていると学校《がっこう》でねむくなってしまいます。では、夏休《なつやす》みなどには夜《よ》ふかししてもいいかというと、そうではありません。

目《め》には見《み》えませんが人間《にんげん》の体《からだ》には「体内時計《たいないどけい》」というものがあります。そして朝《あさ》に太陽《たいよう》の光《ひかり》をあびると体温《たいおん》が上《あ》がり、夜《よる》になると体温《たいおん》が下《さ》がるようにできています。人間《にんげん》の祖先《そせん》はもともと昼《ひる》に活動《かつどう》していた動物《どうぶつ》でした。昼《ひる》は体《からだ》が動《うご》かしやすく、夜《よる》ねむくなるのはこのためです。夜《よる》におきていると、この体内時計《たいないどけい》がくるってしまって、体《からだ》がだるくなったりしてしまうのです。

体《からだ》の中《なか》の目《め》に見《み》えない時計《とけい》が体《からだ》の調子《ちょうし》を変《か》えている！

夜《よる》ねているときに子《こ》どもの体《からだ》は
たくさん成長《せいちょう》するよ。

人間《にんげん》はもともと昼《ひる》に活動《かつどう》する動物《どうぶつ》だったから、体《からだ》の中《なか》の時計《とけい》によって、夜《よる》にねて昼《ひる》に動《うご》きやすいようなしくみになっているんだ。

とくに子《こ》どもは夜《よる》ねることがとても大切《たいせつ》です。日本《にほん》には昔《むかし》から「ねる子は育《そだ》つ」という言葉《ことば》があります。夜《よる》にねると骨《ほね》やきん肉《にく》をつくることを助《たす》ける成長《せいちょう》ホルモンというものが体《からだ》の中《なか》に出《で》て、体《からだ》を成《せい》長《ちょう》させます。体《からだ》が成長《せいちょう》の途中《とちゅう》である子《こ》どもは、夜《よる》にしっかりねたほうがいいのです。すいみん時間《じかん》が短《みじか》いと太《ふと》りやすくなったり、考《かん》えることがむずかしくなったりもします。

（答《こた》え②）

瀧靖之先生の

賢い子を育てるコツ

ねている間《あいだ》も脳《のう》ははたらいている！

脳《のう》は、おきているときより、ねているときのほうが忙《いそが》しくはたらいています。すいみん中《ちゅう》に脳《のう》は、おきている間《あいだ》に得《え》た情報《じょうほう》を復習《ふくしゅう》し記憶《きおく》させる、バラバラに入《はい》ってきた情報《じょうほう》をまとめる、免疫力《めんえきりょく》を高《たか》める、といった仕事《しごと》をしています。

せいかつ

81

どうしてお風呂《ふろ》に入《はい》るの？

1 お風呂場《ふろば》で考《かんが》えたり歌《うた》ったりするため

2 体《からだ》に水分《すいぶん》をきゅうしゅうさせるため

3 体《からだ》のよごれとつかれをとるため

あなたはお風呂《ふろ》に入《はい》るのが好《す》きですか。まだまだ遊《あそ》び足《た》りないときには、お風呂《ふろ》に入《はい》るのをめんどうに思《おも》うこともありますよね。外《そと》で遊《あそ》んでいなかったり、汗《あせ》をかいていない日《ひ》には、お風呂《ふろ》に入《はい》らなくてもいい気《き》がします。

じつはさむい日《ひ》であっても人間《にんげん》は汗《あせ》をかきます。その量《りょう》は500ミリリットルのペットボトルの1本《ぽん》から3本分《ぼんぶん》にもなります。ずいぶん多《おお》いですよね。また、皮《ひ》ふは毎日少《まいにちすこ》しずつ新《あたら》しくなり、古《ふる》い皮《ひ》ふは、あかというよごれになります。こうした汗《あせ》やよごれは、ばい菌《きん》が増《ふ》える原因《げんいん》となります。1日《にち》に一度《いちど》お風呂《ふろ》に入《はい》り、これらのよごれを落《お》とすと病気《びょうき》になりにくくなるのです。

お風呂《ふろ》に入《はい》ると気《き》もちがいいですよね。お湯《ゆ》の中《なか》では体《からだ》が軽《かる》くなるので、1日《にち》つかってきたきん肉《にく》がやわらぎ、心《こころ》も体《からだ》もリラックスできます。

お湯《ゆ》につかると体《からだ》にいい効《こう》果《か》がある！

お湯《ゆ》のねつとお湯《ゆ》が押《お》してくる力《ちから》で
血《ち》の流《なが》れがよくなるんだ。

お湯《ゆ》につかることで、血《ち》のながれがよくなったり、お湯《ゆ》の中《なか》で体《からだ》が軽《かる》くなることできん肉《にく》がほぐれたりするよ。

またお湯《ゆ》のねつで体《からだ》が温《あたた》められると、内臓《ないぞう》のはたらきや血《ち》の流《なが》れがよくなります。お風呂《ふろ》に入《はい》ることでつかれもとれるのです。

ところでお風呂《ふろ》に長《なが》く入《はい》ると指《ゆび》先《さき》にシワができることがありますよね。これはお湯《ゆ》でふやけてのびた皮《ひ》ふが爪《つめ》のほうに広《ひろ》がれないためにシワになってしまうからです。お風呂《ふろ》に長《なが》く入《はい》りすぎると体《からだ》がつかれてしまうこともありますので注意《ちゅうい》しましょう。（答《こた》え③）

瀧靖之先生の

賢い子を育てるコツ

メソポタミア文明時代《ぶんめいじだい》から？

お風呂《ふろ》はいつからあるの？

お風呂《ふろ》の歴史《れきし》は紀元前《きげんぜん》4000年《ねん》までさかのぼります。世界《せかい》最古《さいこ》のメソポタミア文明《ぶんめい》では水《みず》で体《からだ》を清《きよ》めるための施設《しせつ》でした。お湯《ゆ》につかり体《からだ》を温《あたた》めてよごれを洗《あら》い流《なが》す現代式《げんだいしき》の浴場《よくじょう》が誕生《たんじょう》するのは、紀元前《きげんぜん》2000年《ねん》ごろです。

せいかつ

82

どうして歯《は》みがきをするの？

1 虫歯《むしば》の原因《げんいん》になる細菌《さいきん》が酸《さん》を出《だ》さないように

2 虫歯《むしば》の原因《げんいん》になる虫《むし》が口《くち》に入《はい》らないように

3 歯《は》をマッサージして育《そだ》てるため

歯《は》

みがきをしないと虫歯《むしば》になるといいますよね。口《くち》の中《なか》に虫《むし》がいるわけではありませんが、目《め》に見《み》えない小《ちい》さな生《い》き物《もの》である細菌《さいきん》がいます。口《くち》の中《なか》の細菌《さいきん》は２００種類《しゅるい》もあり、その数《かず》は数十億《すうじゅうおく》にもなります。この細菌《さいきん》の一部《いちぶ》が悪《わる》いことをするのです。

細菌《さいきん》は口《くち》に残《のこ》った食《た》べカスを栄養《えいよう》にしています。とくに甘《あま》いものが大好《だいす》きです。そして、栄養《えいよう》をとった細菌《さいきん》の中《なか》には歯《は》をとかす酸《さん》をつくってしまう悪《わる》い細菌《さいきん》もいます。こうして虫歯《むしば》になってしまうのです。

そのため、細菌《さいきん》の栄養《えいよう》となる食《た》べカスが口《くち》に残《のこ》らないように、ていねいに歯《は》みがきをすることが大切《たいせつ》なのです。とくにねている間《あいだ》は、口《くち》をとじているので、細菌《さいきん》が増《ふ》えやすくなります。ねる前《まえ》やおきたあとには歯《は》みがきをしましょう。虫歯《むしば》はすりむいたきずのようにしぜんになおることはありません。もし虫歯《むしば》になってしまったら、はやめに歯医者《はいしゃ》さんに

口《くち》の中《なか》には悪《わる》さをする細菌《さいきん》がいる！

口《くち》の中《なか》にはいい細菌《さいきん》と悪《わる》い細菌《さいきん》がいて
虫歯《むしば》は悪《わる》い細菌《さいきん》のしわざなんだ。

悪《わる》い細菌《さいきん》は口《くち》に残《のこ》った食《た》べカスをエサにして増《ふ》えて、歯《は》をとかす酸《さん》を出《だ》すよ。歯《は》みがきするのは悪《わる》い細菌《さいきん》を増《ふ》やさないためなんだ。

行《い》きましょう。
口《くち》の中《なか》の病気《びょうき》は虫歯《むしば》だけではありません。口《くち》の中《なか》をきれいにしておかないと、歯《は》のまわりにあるピンクの部分《ぶぶん》である歯《は》ぐきがはれる歯周病《ししゅうびょう》という病気《びょうき》になることがあります。そうなると、歯《は》をぬかなくてはいけなくなってしまう場《ば》合《あい》もあります。歯《は》は一度《いちど》生《は》え変《か》わったら二度《にど》と生《は》え変《か》わりません。歯《は》みがきをして歯《は》を大切《たいせつ》にしましょう。

（答《こた》え①）

瀧靖之先生の

賢い子を育てるコツ

歯《は》みがき・歯《は》ブラシのはじまりは？

今《いま》から約《やく》5000年前《ねんまえ》、古代《こだい》エジプトの「チュースティック」が歯《は》みがきのはじまりだといわれています。そして、約《やく》2500年前《ねんまえ》、古代《こだい》インドでおしゃか様《さま》が歯《は》ブラシの元祖《がんそ》、「歯木《しぼく》」を広《ひろ》めたそうです。どちらも木《き》の枝《えだ》を切《き》ったものでした。

せいかつ

83

どうして1日《にち》に3回《かい》食《た》べるの？

1. 3回《かい》食《た》べないと病《びょう》気《き》になるから
2. 人《にん》間《げん》に合《あ》った栄《えい》養《よう》のとり方《かた》だから
3. 食《た》べる回《かい》数《すう》は多《おお》いほうがいいから

学《がっ》校《こう》に行《い》くと、お昼《ひる》に給食《きゅうしょく》が出《で》ますよね。でも昔《むかし》の日本《にほん》には、お昼《ひる》ごはんはなく、朝《あさ》ごはんと夜《よる》ごはんの1日《にち》2回《かい》でした。日本《にほん》で1日《にち》に3回食事《かいしょくじ》をするようになったのは、今《いま》から150年《ねん》ほど前《まえ》です。

人間以外《にんげんいがい》の動物《どうぶつ》は食事《しょくじ》の回数《かいすう》はきまっていません。エサがあれば食《た》べたいときに食《た》べますし、おなかがへっていなかったらエサがあっても食《た》べません。人間《にんげん》も1日《にち》に1食《しょく》でも生《い》きていけますし、1日《にち》や2日《ふつか》食《た》べなくても死《し》にません。ではなぜ1日《にち》に3回食事《かいしょくじ》をするのでしょうか。

人間《にんげん》の体《からだ》には体内時計《たいないどけい》という見《み》えない時計《とけい》があり、昼《ひる》には活動《かつどう》がしやすいように体温《たいおん》が上昇《じょうしょう》し、夜《よる》ねているときには成長《せいちょう》を助《たす》ける成長《せいちょう》ホルモンが出《で》ます。昼《ひる》に活動《かつどう》しやすいように朝《あさ》ごはんと昼《ひる》ごはんでエネルギーをとり、夜《よる》ごはんでは体《からだ》をつくるための栄養《えいよう》をとるのです。

人間《にんげん》がほかの動物《どうぶつ》と大《おお》きくちがうところは、脳《のう》をたくさんつかうとこ

脳《のう》の栄養《えいよう》は5〜6時間《じかん》しかたくわえられない！

生《い》きていくための栄養《えいよう》はたくわえられるけど
脳《のう》のための栄養《えいよう》は長《なが》い時間《じかん》たくわえられないんだ。

朝《あさ》ごはんを食《た》べないとぼーっとしてしまうのは、脳《のう》の栄養《えいよう》が足《た》りないからなんだ。朝《あさ》ごはんをしっかり食《た》べて学校《がっこう》に行こうね。

ろです。そして脳《のう》が必要《ひつよう》とするグリコーゲンという栄養《えいよう》は5時間《じかん》から6時間《じかん》しかたくわえておけません。朝《あさ》ごはんをぬくとぼーっとしてしまいますし、お昼《ひる》ごはんを食《た》べないと夜《よる》までもちません。

じつは日本《にほん》では1日《にち》に2食《しょく》の時《じ》代《だい》にもおやつを食《た》べていました。これがお昼《ひる》ごはんのかわりの栄養《えいよう》となっていたのです。1日《にち》3回《かい》の食事《しょくじ》は人間《にんげん》にとても合《あ》った食《た》べ方《かた》なのです。（答《こた》え②）

瀧靖之先生の

賢い子を育てるコツ

おやつは江戸時代《えどじだい》からあった！

「3時《じ》のおやつ」は、江戸時代《えどじだい》の食習慣《しょくしゅうかん》と時間《じかん》のかぞえ方《かた》に関係《かんけい》があります。その時代《じだい》は朝食《ちょうしょく》と夕食《ゆうしょく》の1日《にち》2回《かい》で、「八《や》つ」という午後《ごご》2時《じ》ごろに、おにぎりなどの間食《かんしょく》をとっていたそうです。それが「おやつ」のはじまりです。

よのなか

84

どうして世界《せかい》にはいろいろな国《くに》があるの？

1 いろいろな国《くに》があったほうがおもしろいから

2 住《す》んでいる場所《ばしょ》ごとに人《ひと》が国《くに》をつくったから

3 神様《かみさま》が世界《せかい》をいろいろな国《くに》にわけたから

大《おお》

昔《むかし》、人間《にんげん》はアフリカ大陸《たいりく》で誕生《たんじょう》したといわれています。人間《にんげん》が増《ふ》えていくと食《た》べ物《もの》が足《た》りなくなり、人々《ひとびと》はあちこちに移動《いどう》をしていきました。そうやって人間《にんげん》は世界中《せかいじゅう》に広《ひろ》がっていきました。

ある場所《ばしょ》に住《す》みついた人《ひと》たちは、近《ちか》くに住《す》む人《ひと》たちとグループをつくり、助《たす》け合《あ》って暮《く》らすようになりました。動物《どうぶつ》を狩《か》りに行《い》くにも、子《こ》どもを育《そだ》てるにも、みんなで協力《きょうりょく》したほうが便利《べんり》だったからです。そうやって暮《く》らしていくと意見《いけん》がわかれることが多《おお》くなり、まとめるためのリーダーがきめられました。人《ひと》が増《ふ》えてグループが大《おお》きくなり、リーダーの力《ちから》も強《つよ》くなっていくと、リーダーは王様《おうさま》と呼《よ》ばれるようになり、グループが暮《く》らす場所《ばしょ》は国《くに》と呼《よ》ばれるようになりました。

世界《せかい》には山《やま》や海《うみ》、大《おお》きな川《かわ》にへだてられて人《ひと》がかんたんに行《い》き来《き》できない場所《ばしょ》もありますし、近《ちか》くに住《す》んでいても気《き》が合《あ》わない人《ひと》たちもいま

世界《せかい》には200近《ちか》い国《くに》がある！

国《くに》によって住《す》んでいる人《ひと》の種類《しゅるい》や文化《ぶんか》、
食《た》べ物《もの》、言葉《ことば》、宗教《しゅうきょう》などがちがうよ。

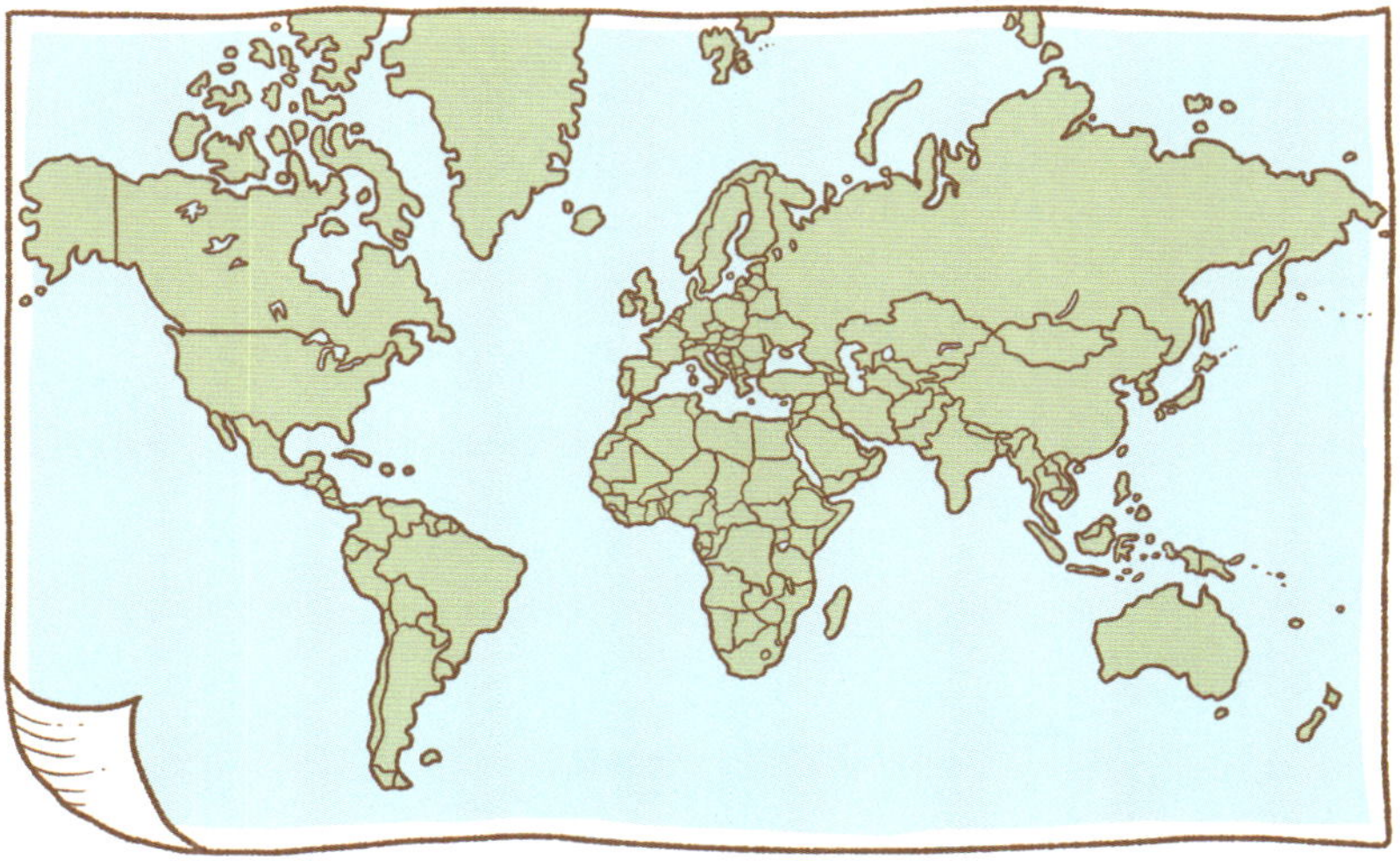

南極《なんきょく》以外《いがい》のすべての土地《とち》に国《くに》があるよ。地球《ちきゅう》のあちこちに人《ひと》が住《す》んでいるから、土地《とち》ごとに人《ひと》がグループをつくって国《くに》ができたんだ。

す。だから国《くに》はひとつではないのです。

国同士《くにどうし》でけんかをして戦争《せんそう》をすることもあります。しかし、世界《せかい》中《じゅう》で力《ちから》を合《あ》わせてさまざまな問題《もんだい》を解決《かいけつ》しようともしています。たとえば国際連合《こくさいれんごう》という集《あつ》まりには193か国《こく》（2019年現在《ねんげんざい》）が参加《さんか》して協力《きょうりょく》し合《あ》っています。世《せ》界《かい》の平和《へいわ》のためにも、たくさんの国《くに》が手《て》をつないで協力《きょうりょく》し合《あ》っていくことが必要《ひつよう》ですね。（答《こた》え②）

瀧靖之先生の

賢い子を育てるコツ

世界《せかい》の家《いえ》をくらべてみよう

世界《せかい》には気候《きこう》に合《あ》わせたいろいろな家《いえ》があります。カナダ北部《ほくぶ》に暮《く》らすイヌイットは、雪《ゆき》で家《いえ》をつくります。ペルーのウル族《ぞく》は、湖《みずうみ》に浮《う》かぶ島《しま》でトトラという草《くさ》でつくった家《いえ》に住《す》んでいます。ほかにもめずらしい家《いえ》を探《さが》しましょう。

イヌイットの雪《ゆき》の家《いえ》

ペルーのトトラ（草《くさ》）の家《いえ》

よのなか

85

どうして外国《がいこく》の人《ひと》は見《み》た目《め》がちがうの？

1 住《す》む環境《かんきょう》によって体《からだ》が変《か》わるから

2 国《くに》によってきまっているから

3 ちがっているほうがおしゃれだから

人《にん》間《げん》には適応能力《てきおうのうりょく》といって、住《す》む場所《ばしょ》に合《あ》わせて体《からだ》を変化《へんか》させる力《ちから》があります。たとえば肌《はだ》の色《いろ》なら、こい人《ひと》、うすい人《ひと》、その中間《ちゅうかん》のような色《いろ》の人《いろ》がいます。これは日差《ひざ》しと関係《かんけい》があります。

太陽《たいよう》の光《ひかり》には人間《にんげん》の体《からだ》をきずつける光線《こうせん》がふくまれています。そのため人間《にんげん》はメラニンという色素《しきそ》をつくって光線《こうせん》から体《からだ》を守《まも》っています。夏《なつ》に外《そと》にいると日《ひ》やけするのは、このメラニンがたくさんつくられるからです。アフリカなどでは1年中《ねんじゅう》、とても強《つよ》い日差《ひざ》しがふりそそぎます。そのため肌《はだ》の色《いろ》がこくなりました。

太陽《たいよう》は人間《にんげん》の健康《けんこう》にもひと役《やく》かっています。人間《にんげん》は適度《てきど》に日差《ひざ》しを浴《あ》びないと、ビタミンD《ディー》という栄養素《えいようそ》をつくることができないのです。そのため、冬《ふゆ》になるとほとんど日《ひ》が差《さ》さなくなるような北《きた》の国《くに》に住《す》む人《ひと》たちは、太陽《たいよう》の光《ひかり》をむだにしないように、色素《しきそ》がほとんどない、白《しろ》い肌《はだ》を

人間《にんげん》は大《おお》きくわけて3種類《しゅるい》いる！

住《す》む場所《ばしょ》の気候《きこう》などに合《あ》わせて
人間《にんげん》は変《か》わっていったから見《み》た目《め》がちがうんだ。

肌《はだ》や目《め》やかみの毛《け》の色《いろ》などがちがうのは、その土地《とち》に合《あ》っている色《いろ》だからなんだ。見《み》た目《め》はちがっても、みんな同《おな》じ人間《にんげん》だよ。

しているのです。目《め》の色《いろ》のちがいも日差《ひざ》しが影響《えいきょう》しています。

このような生《い》きるために必要《ひつよう》な情報《じょうほう》はDNA《ディーエヌエー》という、体《からだ》をつくるために親《おや》から受《う》けつぐ設計図《せっけいず》に書《か》きこまれています。そのため肌《はだ》の色《いろ》のこい人《ひと》が北《きた》の国《くに》に引《ひ》っこしても急《きゅう》に白《しろ》くなることはありません。しかし、何代《なんだい》も住《す》みつづけていくと少《すこ》しずつ適応《てきおう》していき、肌《はだ》や目《め》の色《いろ》なども変《か》わっていきます。

（答《こた》え①）

瀧靖之先生の

賢い子を育てるコツ

国《くに》によって服装《ふくそう》もちがう！

服装《ふくそう》には、その土地《とち》の気候《きこう》や文化《ぶんか》のちがいがあらわれています。スコットランドでは、男性《だんせい》がキルトというスカートのような民族衣装《みんぞくいしょう》を着《き》ます。インドのサリー、ベトナムのアオザイなどの美《うつく》しいドレスは、観光客《かんこうきゃく》にも人気《にんき》です。

サリー　キルト

よのなか

86

どうして外国《がいこく》の人《ひと》はちがう言葉《ことば》を話《はな》すの？

1 好《す》きな言葉《ことば》を話《はな》したいから

2 暗号《あんごう》のようにほかの人《ひと》にわからせないため

3 それぞれの場所《ばしょ》でちがう言葉《ことば》が生《う》まれたから

言《こと》葉《ば》は、だれかが突然《とつぜん》、発明《はつめい》したものではありません。たくさんの人《ひと》が集《あつ》まって生活《せいかつ》をするために、自然《しぜん》と生《う》まれたものです。

赤《あか》ちゃんは生《う》まれてくると、「あぶー」とか「まんま」といった声《こえ》を出《だ》します。その「まんま」とか「まーまー」という声《こえ》を日本《にほん》では食《た》べ物《もの》をほしがっている声《こえ》だととらえ、「まんま」は「食《た》べ物《もの》」という意味《いみ》でつかわれるようになりました。一方《いっぽう》、イギリスや中国《ちゅうごく》では、お母《かあ》さんを呼《よ》ぶ声《こえ》ととらえ、「ママ」は「母親《ははおや》」という意味《いみ》になりました。このように同《おな》じものを聞《き》いたり、見《み》たりしても、人《ひと》によってとらえ方《かた》はちがってくるため、あちこちでちがう言葉《ことば》が生《う》まれたのです。

地域《ちいき》やグループごとに言葉《ことば》が生《う》まれたのですから、昔《むかし》はもっとたくさんの種類《しゅるい》の言葉《ことば》があったと考《かんが》えられます。しかし、ほかのグループと交《こう》流《りゅう》するようになり、お互《たが》いの言葉《ことば》が混《ま》ざり合《あ》うなどして、少《すこ》しずつ言葉《ことば》

世界《せかい》には7000近《ちか》い言葉《ことば》がある！

言葉《ことば》は人間《にんげん》がつくるものだから
そこに住《す》む人《ひと》によって言葉《ことば》は変《か》わるんだ。

日本各地《にほんかくち》に方言《ほうげん》があるように、人《ひと》のグループごとに言葉《ことば》は生《う》まれるよ。アマゾンの奥地《おくち》にはその村《むら》の人《ひと》にしかわからない言葉《ことば》もあるよ。

は統一《とういつ》されていきました。日本《にほん》でも昔《むかし》、沖縄《おきなわ》や北海道《ほっかいどう》ではちがう言《こと》葉《ば》がつかわれていましたが、人《ひと》が行《い》き来《き》するようになり、同《おな》じ言葉《ことば》をつかうようになりました。

これからの世界《せかい》は国《くに》というわくにとらわれず、世界中《せかいじゅう》の人《ひと》が助《たす》け合《あ》い、協力《きょうりょく》し合《あ》っていくことが求《もと》められています。ですからみなさんも英語《えいご》などほかの国《くに》の言葉《ことば》を学《まな》び、世界《せかい》の人々《ひとびと》との交流《こうりゅう》を目指《めざ》していきましょう。（答《こた》え③）

瀧靖之先生の

賢い子を育てるコツ

外国人《がいこくじん》の友《とも》だちをつくろう

あいさつの言葉《ことば》やボディランゲージを覚《おぼ》えて、外国人《がいこくじん》と交《こう》流《りゅう》してみましょう。ヨーロッパやアメリカでは、あいさつとして、あく手《しゅ》やハグ、ハイタッチなどをします。はずかしがらずにやって、友《とも》だちになりましょう。

よのなか

87

どうして１年《ねん》は３６５日《にち》なの？

1 季節《きせつ》のサイクルで生《い》き物《もの》が生《い》きているから

2 えらい人《ひと》が３６５という数字《すうじ》が好《す》きだったから

3 占《うらな》いをするのにつごうがいいから

地《ち》球《きゅう》は太陽《たいよう》のまわりを回《まわ》りつづけています。これを公転《こうてん》といいます。この公転《こうてん》がちょうど1周《しゅう》する日数《にっすう》が３６５日《にち》です。もっとこまかくすると、３６５日《にち》5時間《じかん》48分《ぶん》46秒《びょう》です。だいたい３６５日《にち》と4分《ふん》の1日《にち》であるために、4年《ねん》に1度《ど》のうるう年《どし》やうるう秒《びょう》というのをもうけて、ズレをなおしています。でも公転《こうてん》のことなど気《き》にしないで１００日《にち》を1年《ねん》にしたり、１０００日《にち》を1年《ねん》にしてもいい気《き》がしますよね。

地球《ちきゅう》には季節《きせつ》がありますが、公転《こうてん》が1周《しゅう》することで季節《きせつ》がひとめぐりします。そして地球《ちきゅう》に住《す》む生《い》き物《もの》の多《おお》くは、この季節《きせつ》のサイクルによって生《い》きています。木《き》は秋《あき》に紅葉《こうよう》して冬《ふゆ》に葉《は》を落《お》とし、春《はる》に新《あたら》しい芽《め》が生《う》まれます。クマやカエルは冬《ふゆ》に冬眠《とうみん》をして春《はる》になると活動《かつどう》します。

人間《にんげん》も生《い》き物《もの》のひとつです。たとえば、お米《こめ》をつくる場合《ばあい》、1年《ねん》を３６５日《にち》にしておけば、何月《なんがつ》ごろに田《た》んぼを耕《たがや》し、種《たね》を植《う》えて、何月《なんがつ》ご

地球《ちきゅう》は、365日《にち》5時間《じかん》48分《ぷん》46秒《びょう》で太陽《たいよう》を1周《しゅう》する！

公転《こうてん》のサイクルで地球上《ちきゅうじょう》の生《い》き物《もの》は生《い》きているんだ。
人間《にんげん》もそのサイクルに入《はい》っているよ。

人間《にんげん》が食《た》べる動物《どうぶつ》や野菜《やさい》なども季節《きせつ》のサイクルで、子《こ》どもを生《う》んだり実《み》をつけたりするから1年《ねん》を365日《にち》にしたほうが便利《べんり》なんだ。

ろに収穫《しゅうかく》すればいいかがわかりやすくなります。１年《ねん》を３６５日《にち》にしたのは、人間《にんげん》が地球《ちきゅう》で暮《く》らす生《い》き物《もの》として、とても便利《べんり》だからなのです。

ちなみに昔《むかし》は、月《つき》のみち欠《か》けからこよみをつくっていたので、１年《ねん》はだいたい３５４日《にち》くらいでした。太陽《たいよう》の公転《こうてん》のサイクルと大《おお》きくずれてしまうために、うるう月《づき》というものをつくってズレをなおしました。（答《こた》え①）

瀧靖之先生の

賢い子を育てるコツ

カレンダーにしるしをつけよう

日《ひ》にちや曜日《ようび》の感覚《かんかく》がわかるようになると、毎日《まいにち》の生活《せいかつ》がもっと楽《たの》しくなります。カレンダーに、家族《かぞく》の誕生日《たんじょうび》やお出《で》かけの予定日《よていび》のしるしをつけたり、「今日《きょう》は何日《なんにち》？」と毎日《まいにち》聞《き》いたりするとしぜんに覚《おぼ》えていきますよ。

よのなか

88

どうして元号《げんごう》があるの？

1. 時代《じだい》ごとに名前《なまえ》をわけたほうがわかりやすいから

2. 世界中《せかいじゅう》でつかわれているから

3. 日本《にほん》がずっとつづけてきた文化《ぶんか》だから

大《たい》正《しょう》、昭和《しょうわ》、平成《へいせい》といったように、日本《にほん》の年《とし》の呼《よ》び方《かた》には元号《げんごう》があります。でもこの元号《げんごう》以外《いがい》に、西暦《せいれき》という年《とし》の呼《よ》び方《かた》もありますよね。東京《とうきょう》オリンピック・パラリンピックがあるのは２０２０年《ねん》です。西暦《せいれき》とは、キリスト教《きょう》をおこしたイエス・キリストが誕生《たんじょう》した年《とし》を元年《がんねん》（１年目《ねんめ》の年《とし》）とした年《とし》の呼《よ》び方《かた》です。

世界《せかい》にはいろいろな王様《おうさま》がいますが、日本《にほん》には天皇《てんのう》がいます。そして天皇《てんのう》が交代《こうたい》するときに元号《げんごう》も変《か》えられます。この元号《げんごう》は、だいたい１３００年前《ねんまえ》にはじまりました。昔《むかし》は、今《いま》のように天皇《てんのう》の交代《こうたい》ごとに変《か》わるだけでなく、いい時代《じだい》になるようにと願《ねが》いをこめるときに元号《げんごう》が変《か》えられました。日本以外《にほんいがい》の国《くに》の中《なか》にも、西暦以外《せいれきいがい》の年《とし》の呼《よ》び方《かた》がある国《くに》があります。イスラム教《きょう》を信《しん》じる国《くに》では、ヒジュラ暦《れき》があり、西暦《せいれき》２０２０年《ねん》の１月《がつ》はヒジュラ暦《れき》１４４１年《ねん》です。また仏教《ぶっきょう》を信《しん》じるタイ

元号《げんごう》は日本《にほん》にしかないめずらしい文化《ぶんか》！

元号《げんごう》がつかわれはじめたのは1300年《ねん》以上前《いじょうまえ》。
これまで230以上《いじょう》の元号《げんごう》がつかわれてきたよ。

中国《ちゅうごく》やベトナム、朝鮮半島《ちょうせんはんとう》などでも昔《むかし》は元号《げんごう》があったよ。でも今《いま》でも元号《げんごう》が残《のこ》っているのは日本《にほん》だけなんだ。

では仏暦《ぶつれき》をつかい、西暦《せいれき》2020年《ねん》は仏暦《ぶつれき》2563年《ねん》になります。でも西暦《せいれき》もヒジュラ暦《れき》も仏暦《ぶつれき》も名《な》前《まえ》が変《か》わって1年目《ねんめ》にもどることはありません。

たしかに西暦《せいれき》をつかうほうが便《べん》利《り》かもしれませんが、西暦《せいれき》にしなければこまってしまうほどの問題《もんだい》でもありません。元号《げんごう》は日本《にほん》でずっとつかわれてきた日本《にほん》にしか残《のこ》っていない文化《ぶんか》だからつかわれているのです。（答《こた》え③）

瀧靖之先生の

賢い子を育てるコツ

元号《げんごう》はどういうときに変《か》わる？

元号《げんごう》は、天皇《てんのう》が交代《こうたい》するときや、地《じ》しん、火災《かさい》、ききんなどによる災《わざわ》いを改《あらた》めるために変《か》えられていました。「大化《たいか》」から「平成《へいせい》」までの間《あいだ》で、平《へい》安時代《あんじだい》がもっとも多《おお》く元号《げんごう》が変《か》わり、なんと390年間《ねんかん》で87回《かい》も変《か》わったそうです。

よのなか

89

どうして自動《じどう》改札機《かいさつき》は大人《おとな》と子《こ》どもがわかるの？

1 駅員《えきいん》さんがひとりひとりを見《み》てあけしめをしているから

2 センサーで身長《しんちょう》や動《うご》きをはかっているから

3 頭《あたま》のいいロボットがあけしめしているから

小《しょう》

学校《がっこう》に入学《にゅうがく》する前《まえ》までは、電車《でんしゃ》に乗《の》るときの料金《りょうきん》は必要《ひつよう》ありません。あなたも大人《おとな》といっしょに自動改札機《じどうかいさつき》をとおったことがあるでしょう。ふたりがとおっているのに自動改札機《じどうかいさつき》がとじることはありません。でもそのあとの人《ひと》がとおろうとするときには、ＩＣ《アイシー》カードや切符《きっぷ》が必要《ひつよう》になります。

自動改札機《じどうかいさつき》には、いくつかのセンサーがついています。センサーは、その人《ひと》の身長《しんちょう》や動《うご》くはやさや距離《きょり》などをはかっています。大人《おとな》と子《こ》どもは身長《しんちょう》がちがいます。また大人《おとな》と子《こ》どもがいっしょに自動改札機《じどうかいさつき》をとおるときにはだいたい同《おな》じスピードです。

子《こ》どもでも大《おお》きな体《からだ》の場合《ばあい》は、センサーが大人《おとな》とかんちがいするかもしれませんが、大人《おとな》と子《こ》どもの距離《きょり》が近《ちか》く、同《おな》じスピードで自動改札機《じどうかいさつき》に入《はい》るので、自動改札機《じどうかいさつき》がとじることがないのです。

大人《おとな》と子《こ》どもの区別《くべつ》は人間《にんげん》の力《ちから》も必要《ひつよう》！

センサーは身長《しんちょう》やならんだ距離《きょり》だけであけしめをしているだけだから子《こ》どもかどうかはわからないんだ。

大人《おとな》みたいな子《こ》どもや子《こ》どもみたいな大人《おとな》もいるよね。だから子《こ》ども料金《りょうきん》でとおる人《ひと》は駅《えき》員《いん》さんが見《み》て判断《はんだん》しているんだ。

小学校《しょうがっこう》に入学《にゅうがく》すると子《こ》ども料《りょう》金《きん》が必要《ひつよう》になります。子《こ》ども料金《りょうきん》は小学生《しょうがくせい》までで中学生《ちゅうがくせい》になると大人料金《おとなりょうきん》になります。でも小学《しょうがく》生《せい》でも大人《おとな》と同《おな》じくらい体《からだ》が大《おお》きい子《こ》どももいるため、センサーではわかりません。

そのため、小学生《しょうがくせい》かどうかは駅《えき》員《いん》さんが見《み》て確認《かくにん》しています。子《こ》ども料金《りょうきん》で自動改札機《じどうかいさつき》をとおると「ピヨピヨ」と音《おと》がなり、ランプが光《ひか》るのはこのためです。（答《こた》え②）

瀧靖之先生の

賢い子を育てるコツ

電車《でんしゃ》に乗《の》るときに注目《ちゅうもく》しよう

電車《でんしゃ》に乗《の》ってお出《で》かけするのは、たとえ近場《ちかば》でも子《こ》どもにとってうれしいものです。そして、交通IC《こうつうアイシー》カードで自動改札《じどうかいさつ》機《き》をとおるときはドキドキワクワク！「どんなふうになっているのかな？」と話《はな》し合《あ》って好奇心《こうきしん》を刺激《しげき》しましょう。

よのなか

90

どうして携帯《けいたい》電話《でんわ》で話《はなし》ができるの？

1 携帯《けいたい》電話《でんわ》同士《どうし》が直接《ちょくせつ》電波《でんぱ》でつながっているから

2 アンテナや電話線《でんわせん》をつうじて声《こえ》の電波《でんぱ》を届《とど》けているから

3 小《ちい》さくした音《おと》を飛《と》ばしているから

携《けい》帯電話《たいでんわ》では遠《とお》くの人《ひと》と話《はなし》ができます。糸電話《いとでんわ》のようにつながっているわけではないのに話《はなし》ができるのはふしぎですよね。

まず声《こえ》は電波《でんぱ》というものに変《か》えられます。電波《でんぱ》は電気《でんき》のエネルギーの波《なみ》のようなものです。この目《め》に見《み》えない波《なみ》には長《なが》い波《なみ》もあれば短《みじか》い波《なみ》もあります。この見《み》えない波《なみ》をつかって声《こえ》を伝《つた》えているのです。

でも携帯電話《けいたいでんわ》は、日本《にほん》だけでなく、地球《ちきゅう》のうらがわの外国《がいこく》の人《ひと》とも話《はなし》ができますよね。これは電波《でんぱ》が地球《ちきゅう》をつきぬけてすすんでいるわけではありません。電波《でんぱ》はだいたい数《すう》キロ程度《ていど》しか届《とど》きません。そこで、携帯《けいたい》電話《でんわ》の声《こえ》を電波《でんぱ》に変《か》えると、この電波《でんぱ》をまずアンテナがある基地局《きちきょく》Ａ《エー》がキャッチします。基地局《きちきょく》Ａ《エー》はこの電波《でんぱ》を電気《でんき》の信号《しんごう》に変《か》えます。そしてケーブルをとおって交換局《こうかんきょく》へと電気信号《でんきしんごう》をおくります。今度《こんど》は交換《こうかん》局《きょく》が相手《あいて》の近《ちか》くの基地局《きちきょく》Ｂ《ビー》に電気信号《でんきしんごう》をおくり、電波《でんぱ》に変《か》えて相手《あいて》の

海《うみ》の下《した》のケーブルで外国《がいこく》の基地局《きちきょく》とつながっている！

地球《ちきゅう》は丸《まる》いからどんなに強《つよ》い電波《でんぱ》でも
地球《ちきゅう》のうらがわには届《とど》かないんだ。

携帯電話《けいたいでんわ》は近《ちか》くの基地局《きちきょく》がキャッチした電波《でんぱ》をケーブルをつうじて相手《あいて》の近《ちか》くの基地局《きちきょく》へ伝《つた》え、相手《あいて》の携帯電話《けいたいでんわ》に電波《でんぱ》をおくっているよ。

携帯電話《けいたいでんわ》に声《こえ》を届《とど》けるのです。国《こく》際《さい》電話《でんわ》では、少《すこ》し声《こえ》がおくれて聞《き》こえたりします。これは電波《でんぱ》がいくつもの基地局《きちきょく》をとおったり、長《なが》いケーブルを電気信号《でんきしんごう》がとおるからです。

じつは携帯電話《けいたいでんわ》も糸電話《いとでんわ》もしくみは同《おな》じです。糸電話《いとでんわ》は音《おと》を糸《いと》のふるえに変《か》えて声《こえ》を伝《つた》えています。携帯電話《けいたいでんわ》の場合《ばあい》、電波《でんぱ》や電気《でんき》信号《しんごう》に変《か》えて声《こえ》を伝《つた》えているのです。

（答《こた》え②）

瀧靖之先生の

賢い子を育てるコツ

電話機《でんわき》の変遷《へんせん》をしらべよう

電話《でんわ》の歴史《れきし》や通信《つうしん》のしくみに興味《きょうみ》をもったら、博物館《はくぶつかん》などに足《あし》を運《はこ》びましょう。NTT《エヌティーティー》技《ぎ》術《じゅつ》資料館《しりょうかん》（東京都武蔵野市《とうきょうとむさしのし》）には体験《たいけん》コーナーがあり、昔《むかし》の手動交換機《しゅどうこうかんき》やダイヤル式《しき》の黒電話《くろでんわ》などにふれ、実際《じっさい》に通《つう》話《わ》することができます。

よのなか

91

どうしてテレビはリモコンで動《うご》くの？

1. 目《め》に見《み》えない光《ひかり》でそうさしているから

2. 目《め》に見《み》えない電波《でんぱ》でそうさしているから

3. 人間《にんげん》には聞《き》こえない音《おと》でそうさしているから

テレビから離《はな》れているのに、リモコンをつかえばチャンネルを変《か》えたり、音《おと》の大《おお》きさを変《か》えることができます。テレビのリモコン以《い》外《がい》にも、エアコンなどにもリモコンがありますし、車《くるま》のカギも離《はな》れたところからロックすることができます。

これらはじつは同《おな》じしくみです。リモコンからは赤外線《せきがいせん》という目《め》には見《み》えない光《ひかり》が出《で》ています。目《め》には見《み》えない光《ひかり》というとふしぎかもしれませんが、人間《にんげん》が見《み》える光《ひかり》はかぎられているのです。この赤外線《せきがいせん》が見《み》える動物《どうぶつ》もいますし、赤外線《せきがいせん》スコープという機械《きかい》をつかえば、私《わたし》たちも赤外《せきがい》線《せん》を見《み》ることができます。

リモコンから赤外線《せきがいせん》を出《だ》して、この光《ひかり》をテレビの赤外線《せきがいせん》を読《よ》み取《と》る場《ば》所《しょ》がキャッチします。テレビの赤外線《せきがいせん》をキャッチするところをかくしたり、リモコンとテレビの間《あいだ》にものがあったり、リモコンをテレビの反対《はんたい》

リモコンからは見《み》えない光《ひかり》が出《で》ている！

リモコンは赤外線《せきがいせん》という見《み》えない光《ひかり》の
信号《しんごう》をテレビに伝《つた》えているよ。

赤外線《せきがいせん》は光《ひかり》だからさえぎられるとそうさできなくなってしまうよ。でもガラスは光《ひかり》をとおすからガラスを置《お》いてもそうさできるんだ。

がわに向《む》けるとテレビをそうさできません。

へやの外《そと》からテレビをそうさする方法《ほうほう》もあります。赤外線《せきがいせん》は目《め》に見《み》えない光《ひかり》といいましたよね。光《ひかり》なので赤外線《せきがいせん》は鏡《かがみ》に反射《はんしゃ》します。そのためテレビが見《み》えない場所《ばしょ》から、リモコンの赤外線《せきがいせん》を鏡《かがみ》にぶつけて、テレビをそうさすることができるのです。ちなみにリモコンでテレビをそうさできる距離《きょり》は10メートルくらいです。（答《こた》え①）

瀧靖之先生の

賢い子を育てるコツ

家《いえ》に何種類《なんしゅるい》のリモコンがある？

いまやリモコンのない生活《せいかつ》は想像《そうぞう》できないですね！　家《いえ》にはどんな種類《しゅるい》のリモコンがあるのかしらべてみましょう。テレビ、DVD《ディーブイディー》プレーヤー、エアコン、照明器具《しょうめいきぐ》、ゲーム機《き》など、それぞれの特長《とくちょう》をくらべてみましょう。

よのなか

92

どうして飛《ひ》行《こう》機《き》は空《そら》を飛《と》べるの？

1 強《つよ》いエンジンで翼《つばさ》に空《くう》気《き》を当《あ》てているから

2 空《くう》気《き》よりも軽《かる》いガスをつめているから

3 強《つよ》い風《かぜ》がふいているから

紙《かみ》

飛行機《ひこうき》は軽《かる》いので空《そら》を飛《と》ぶのはわかりますが、飛行機《ひこうき》は鉄《てつ》でできていて重《おも》たいのに空《そら》を飛《と》べるなんてふしぎですよね。でも、じつは紙飛行機《かみひこうき》も大《おお》きなジェット機《き》も空《そら》を飛《と》べる理由《りゆう》は同《おな》じなのです。

私《わたし》たちがジャンプするとふたたび地面《じめん》に落《お》ちてしまいます。これは地球《ちきゅう》には重力《じゅうりょく》という、ものを引《ひ》っぱる目《め》に見《み》えない力《ちから》がはたらいているからです。空《そら》を飛《と》ぶためには、この重力《じゅうりょく》にさからって上《うえ》に向《む》かう強《つよ》い力《ちから》がなければなりません。この上《うえ》に向《む》かう力《ちから》をつくるために２つの力《ちから》が必要《ひつよう》です。

向《む》かい風《かぜ》が強《つよ》いときにかさをうしろへかたむけると、体《からだ》が浮《う》き上《あ》がるようにもち上《あ》がりますよね。このような力《ちから》を揚力《ようりょく》といいます。でも飛行機《ひこうき》にいつも風《かぜ》がふいているわけではありません。そのために、飛行機《ひこうき》は強力《きょうりょく》なエンジンをつかって前《まえ》にすすんで、翼《つばさ》に風《かぜ》を当《あ》てています。このエン

飛《と》んでいる飛行機《ひこうき》には4つの力《ちから》がはたらいている！

揚力《ようりょく》と推力《すいりょく》が、重力《じゅうりょく》や抗力《こうりょく》よりも
強《つよ》いから前《まえ》にすすんで飛《と》べるんだ。

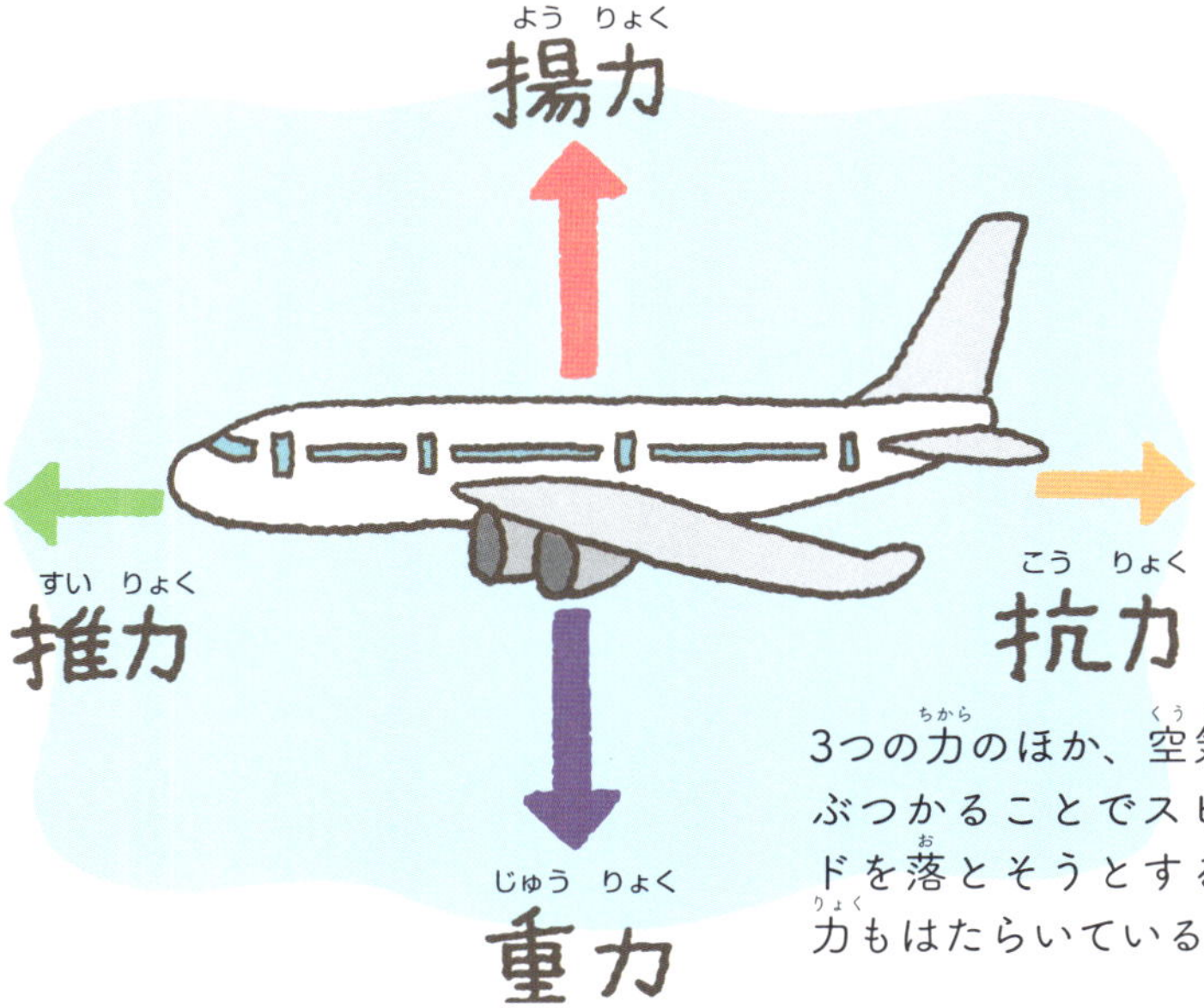

3つの力《ちから》のほか、空気《くうき》にぶつかることでスピードを落《お》とそうとする抗《こう》力《りょく》もはたらいているよ。

エンジンの推力《すいりょく》で前《まえ》にすすむと翼《つばさ》に空気《くうき》が当《あ》たって上《うえ》に浮《う》き上《あ》がる揚力《ようりょく》が生《う》まれるよ。揚《よう》力《りょく》が重力《じゅうりょく》より強《つよ》いと飛行機《ひこうき》は飛《と》べるんだ。

ジンの力《ちから》を推力《すいりょく》といいます。

紙飛行機《かみひこうき》の場合《ばあい》は、手《て》の力《ちから》で前《まえ》に飛《と》ばす力《ちから》が推力《すいりょく》となって、翼《つばさ》に空気《くうき》がぶつかって揚力《ようりょく》が生《う》まれ飛《と》んでいるのです。紙飛行機《かみひこうき》にはつねに推力《すいりょく》が加《くわ》わっているわけではありませんので、やがて揚力《ようりょく》がなくなって落《お》ちてしまうのです。飛行機《ひこうき》が空《そら》を飛《と》べるのは、重《おも》たい機体《きたい》をもち上《あ》げるほどの強力《きょうりょく》なエンジンで翼《つばさ》に揚力《ようりょく》を生《う》み出《だ》しているからなのです。（答《こた》え①）

瀧靖之先生の

賢い子を育てるコツ

飛行機以外《ひこうきいがい》の乗《の》り物《もの》をしらべよう

飛行船《ひこうせん》やヘリコプターはどんなしくみなのか、しらべてみましょう。世界初《せかいはつ》の飛行機《ひこうき》で飛《と》ぶことに成功《せいこう》したライト兄弟《きょうだい》は、子《こ》どものころ、空《そら》を飛《と》ぶヘリコプターのおもちゃをふしぎに思《おも》い、材料《ざいりょう》やしくみをしらべたそうです。

よのなか

93

どうしてジェットコースターでさかさまになっても落《お》ちないの？

1. しっかりとシートベルトをしているから

2. 下《した》から空《くう》気《き》を強《つよ》くすいこんでいるから

3. 中《ちゅう》心《しん》から外《そと》がわに向《む》かう力《ちから》がはたらいているから

ジェットコースターで大《おお》きな輪《わ》を描《えが》くように1回転《かいてん》することがあります。でも輪《わ》の上《うえ》にいるときでも下《した》に落《お》ちることはありません。地球《ちきゅう》にはものを引《ひ》っぱる力《ちから》があるために落《お》ちてしまうはずです。さかさまになっても落《お》ちないということは、下《した》に向《む》かう力《ちから》とは反対《はんたい》に向《む》かう力《ちから》があるはずです。

ひもの先《さき》にボールをつけてぐるぐる回《まわ》すと、ひもがピンとはって回《まわ》ります。もし回《まわ》していても途中《とちゅう》でひもが切《き》れたりしたら、ボールはいきおいよく飛《と》んでいってしまいます。ひもを力《ちから》いっぱい回《まわ》すことで、外《そと》に向《む》かう力《ちから》がはたらきますが、ひもがあるために遠《とお》くに飛《と》んでいかずに回《まわ》りつづけるのです。

このように円《えん》の形《かたち》にはやく動《うご》くと中心《ちゅうしん》から離《はな》れようとする力《ちから》がはたらきます。この中心《ちゅうしん》から外《そと》に向《む》かう力《ちから》を遠心力《えんしんりょく》といいます。ジェットコー

スピードを出《だ》せば、遠心力《えんしんりょく》が落《お》ちる力《ちから》よりも強《つよ》くなる！

円《えん》をすすむジェットコースターには、重力《じゅうりょく》のほかにレールがおし返《かえ》す力《ちから》・垂直抗力《すいちょくこうりょく》がはたらいているよ。

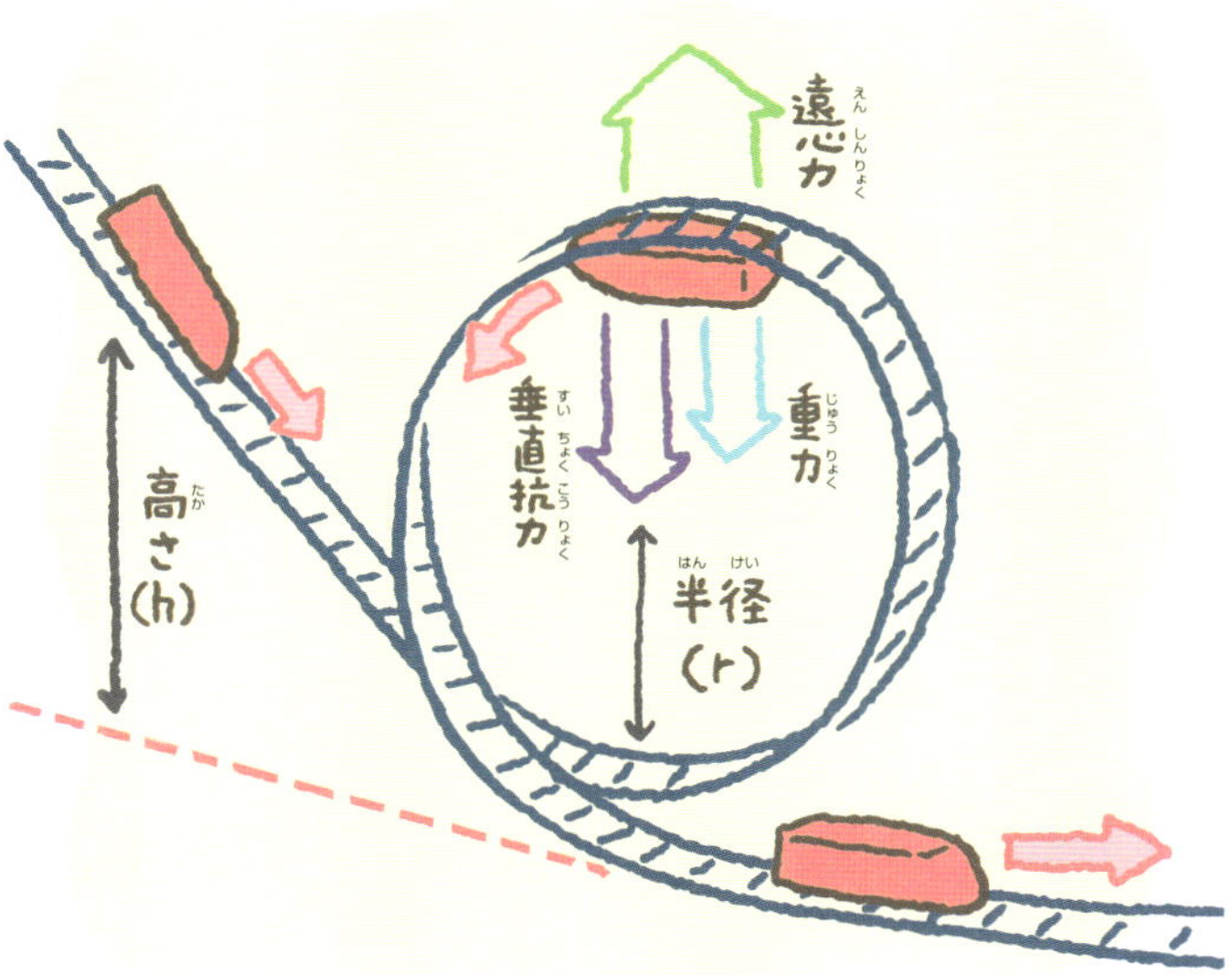

円形《えんけい》のところをものが動《うご》くと外《そと》がわに向《む》かう遠心力《えんしんりょく》がはたらくよ。スピードを出《だ》すほど遠《えん》心力《しんりょく》は強《つよ》くなるんだ。

スターの場合《ばあい》は、レールがあるために外《そと》に飛《と》び出《だ》さずにレールにおしつけられるのです。

ジェットコースターが輪《わ》を1回《かい》転《てん》するのはこの遠心力《えんしんりょく》がはたらいているからです。輪《わ》に入《はい》る前《まえ》には、ものすごいスピードになります。これは強《つよ》い遠心力《えんしんりょく》を生《う》み出《だ》すためでもあるのです。ちなみにジェットコースターの車輪《しゃりん》には、安全《あんぜん》そうちがあり、輪《わ》のてっぺんで止《と》まっても落《お》ちません。（答《こた》え③）

瀧靖之先生の

賢い子を育てるコツ

水《みず》を入《い》れたバケツで実験《じっけん》！

遠心力《えんしんりょく》の実験《じっけん》をしましょう。水《みず》の入《はい》ったバケツをそのままさかさまにすると水《みず》はこぼれますが、バケツをいきおいよく回《まわ》すと水《みず》はこぼれません。これは、遠心力《えんしんりょく》がはたらいて、バケツの水《みず》を外《そと》がわに引《ひ》っぱっているからです。

おかね

94

どうしてお金《かね》は大切《たいせつ》なの？

1 生活《せいかつ》に必要《ひつよう》なものと交換《こうかん》できるから

2 ピカピカ光《ひか》ってきれいだから

3 なくすとおこられるから

あなたが生活《せいかつ》をするためには、たくさんのものが必要《ひつよう》です。食《た》べ物《もの》、食器《しょっき》、服《ふく》、歯《は》ブラシ、歯《は》みがき粉《こ》、文《ぶん》ぼう具《ぐ》や教科書《きょうかしょ》、本《ほん》など、ここには書《か》ききれないほどのものをつかっているはずです。そういったものは当《あ》たり前《まえ》にあるわけではありません。あなたのためにだれかがお金《かね》を出《だ》して買《か》ってくれたもののはずです。

お金《かね》はものを買《か》うためだけに必要《ひつよう》なわけではありません。電車《でんしゃ》に乗《の》ったり、ピアノや水泳《すいえい》などを習《なら》ったり、遊園地《ゆうえんち》で遊《あそ》んだりといったサービスにもお金《かね》が必要《ひつよう》になります。

自給自足《じきゅうじそく》といって野菜《やさい》をつくり、家畜《かちく》をかい、川《かわ》から水《みず》を引《ひ》き、まきで火《ひ》をおこすというような、自分《じぶん》の力《ちから》だけで生《い》きる方法《ほうほう》もありますが、かんたんなことではありません。今《いま》、あなたがおくっているような生活《せいかつ》はお金《かね》があるからこそできるのです。

お金《かね》は世《よ》の中《なか》のほとんどのものと交換《こうかん》できる！

必要《ひつよう》なものを必要《ひつよう》なときに
買《か》うためにお金《かね》は大切《たいせつ》にしようね。

世《よ》の中《なか》のほとんどのものはお金《かね》で買《か》うことができる。でも命《いのち》や時間《じかん》、人《ひと》の気《き》もちなど、お金《かね》では買《か》えないものがあることを知《し》っておこうね。

世界《せかい》にはお金《かね》があまりないために、子《こ》どもでも学校《がっこう》へ行《い》かずにはたらき、それでもじゅうぶんな食《しょく》事《じ》ができないという国《くに》がたくさんあります。それだけお金《かね》は生《い》きるために必要《ひつよう》なものであり、大切《たいせつ》なものです。

あなたがじゅうぶんな生活《せいかつ》をおくるために、いっしょうけんめいはたらいている人《ひと》がいるはずです。だからお金《かね》は大切《たいせつ》なものだといえるのです。（答《こた》え①）

瀧靖之先生の

賢い子を育てるコツ

お札《さつ》に描《えが》かれるのはどんな人《ひと》？

世界《せかい》で発行《はっこう》されているお札《さつ》のうち、約《やく》7割《わり》にしょう像画《ぞうが》がつかわれているそうです。昔《むかし》のお札《さつ》は政治家《せいじか》が多《おお》かったのですが、現在《げんざい》は、日本《にほん》が世界《せかい》にほこれる、有名《ゆうめい》な人《ひと》、教育《きょういく》や医学《いがく》、文化《ぶんか》の発展《はってん》につくした人《ひと》が選《えら》ばれています。

おかね

95

どうしてはたらくの？

1 ひまだから

2 はたらかないとおこられるから

3 お金《かね》をもらうためと、社会《しゃかい》の役《やく》に立《た》つためどうして人《ひと》ははたらくのかと聞《き》かれたら、「お金《かね》をもらうため」と答《こた》えるのではないでしょうか。もちろん、その答《こた》えは正《せい》かいです。人《ひと》ははたらき、そのはたらきに対《たい》してお金《かね》をもらい生活《せいかつ》しています。もしお金《かね》がなければ必要《ひつよう》なものが手《て》にはいりにくくなってしまいます。

ではなぜはたらくとお金《かね》をもらえるのでしょうか。会社《かいしゃ》ではたらいている人《ひと》みんなが、ものを売《う》っているわけではありません。でもじつは目《め》には見《み》えないものを売《う》っているのです。それは、その人《ひと》のもっている知《ち》識《しき》や体力《たいりょく》、時間《じかん》やアイデアです。かんたんにいえば、その人《ひと》の時間《じかん》と力《ちから》を会社《かいしゃ》に売《う》ることで、かわりにお金《かね》をもらっているのです。

ただし、「お金《かね》をもらうため」だけでは正《せい》かいは半分《はんぶん》です。残《のこ》りの半分《はんぶん》は、「社会《しゃかい》の一員《いちいん》としての役《やく》わりを果《は》たすため」です。社会《しゃかい》でたくさんの人《ひと》が暮《く》らすためには、さまざまな仕事《しごと》が必要《ひつよう》になります。水道《すいどう》を整備《せいび》したり、

はたらくことは自分《じぶん》の力《ちから》や時間《じかん》をお金《かね》に変《か》えること！

はたらくことはお金《かね》をもらうことと
だれかの役《やく》に立《た》つことの2つの理由《りゆう》があるよ。

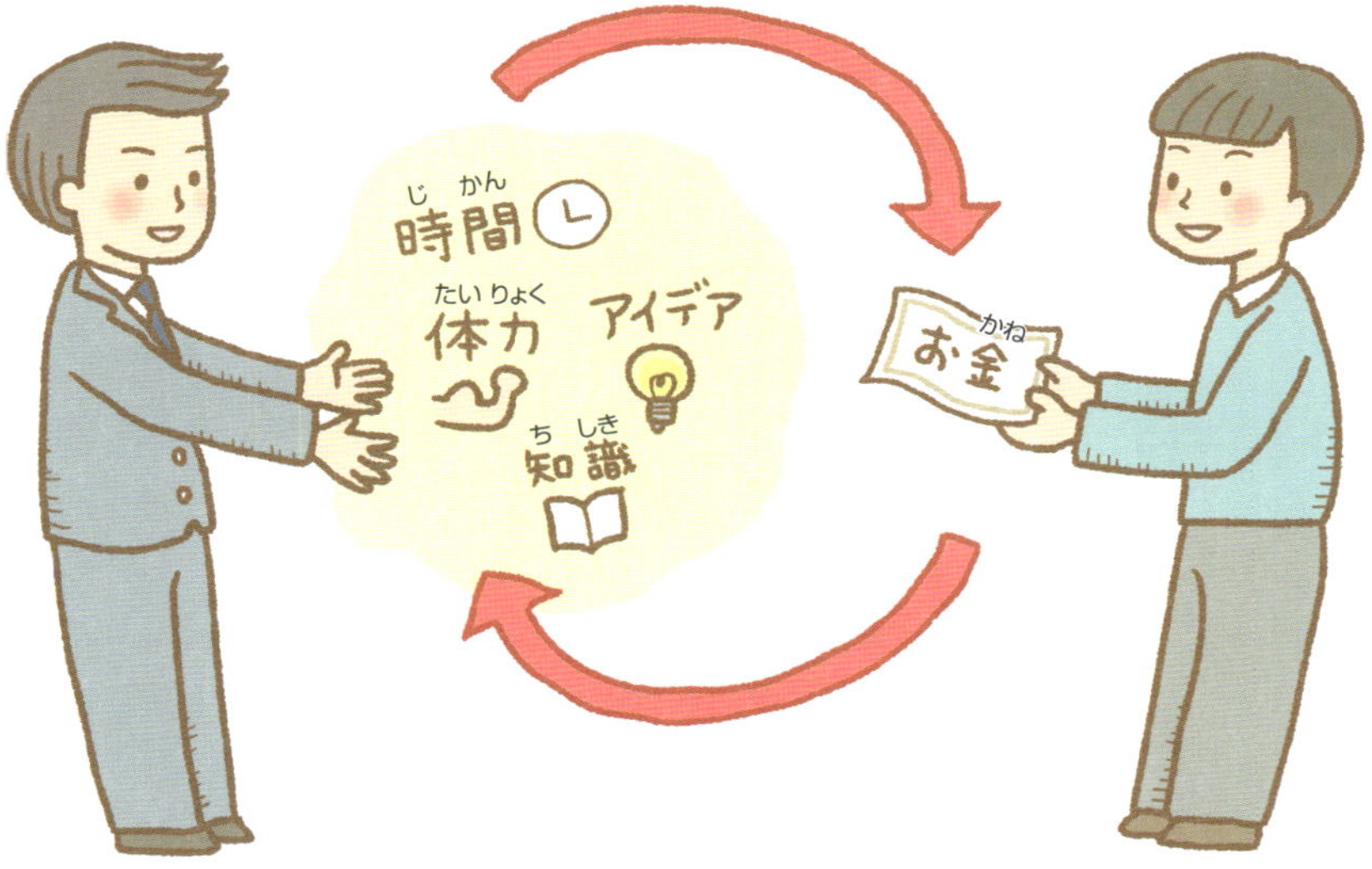

お金《かね》はもの以外《いがい》のものとも交換《こうかん》できるよ。会《かい》社《しゃ》ではたらく人《ひと》は、自分《じぶん》の力《ちから》や時間《じかん》を会社《かいしゃ》に売《う》って、かわりにお金《かね》をもらっているんだ。

電気《でんき》をつくって家《いえ》に届《とど》けたり、野《や》菜《さい》や肉《にく》をつくったり、それを店《みせ》で売《う》ったり。そういった仕事《しごと》をみんなで分担《ぶんたん》することで、世《よ》の中《なか》は成《な》り立《た》っています。たとえばゴミを集《あつ》める仕事《しごと》なんていやだといってだれもやらなければどうなってしまうでしょうか。町中《まちじゅう》ゴミであふれかえってしまいます。はたらくということは、「自分《じぶん》や家族《かぞく》のため」だけでなく、「社会《しゃかい》みんなのため」でもあるのです。

（答《こた》え③）

瀧靖之先生の

賢い子を育てるコツ

昔《むかし》の休《やす》みは 1と6がつく日《ひ》

日本《にほん》で休《やす》みの日《ひ》ができたのは、明治時代《めいじじだい》です。さいしょは、1日《ついたち》、6日《むいか》、11日《にち》、16日《にち》……と、毎月《まいつき》1と6のつく日《ひ》が休《やす》みでした。でも、日曜日《にちようび》が休《やす》みの外国《がいこく》とちがうのは不便《ふべん》だったので、日本《にほん》でも日曜日《にちようび》を休《やす》みにしたのです。

おかね

96

どうして貯金《ちょきん》をするの？

1 つかいきれないから

2 本当《ほんとう》に必要《ひつよう》なときにつかえるようにするため

3 貯金《ちょきん》していたほうがお得《とく》だから

せっかくおこづかいやお年玉《としだま》をもらっても、ぜんぶつかわないで貯《ちょ》金《きん》をしておくようにいわれるのではないでしょうか。お金《かね》をもらうとうれしくて、あれもこれもとどんどんつかいたくなります。しかし、少《すこ》し時間《じかん》がたってみると、それほどほしいものではなかったと気《き》づくことがありますよね。

大人《おとな》はそれがわかっているので、本当《ほんとう》にほしいものができたときにつかえるよう、貯金《ちょきん》しておくようにいうのです。また、少《すこ》しずつでも貯金《ちょきん》をしておけばたくさん貯《た》まり、おこづかいだけでは買《か》えなかったものも買《か》えるようにもなります。

大人《おとな》にとっての貯金《ちょきん》の理由《りゆう》は少《すこ》し変《か》わってきます。家《いえ》や車《くるま》などほしいものを買《か》うために貯金《ちょきん》をする人《ひと》もいますが、将来《しょうらい》にそなえるというのが大《おお》きな理由《りゆう》です。病気《びょうき》にかかってしばらくはたらけなくなるかもしれま

お金《かね》が便利《べんり》なのは貯《た》めておけるから！

お金《かね》は必要《ひつよう》なものがあるときにつかうもの。
貯金《ちょきん》は未来《みらい》の自分《じぶん》のためのおくりものなんだ。

お金《かね》が必要《ひつよう》になるのは、今《いま》とはかぎらないよね。お金《かね》は食《た》べ物《もの》のようにくさったりしないから、必要《ひつよう》なときにつかえるんだ。

せんし、突然《とつぜん》仕事《しごと》をやめさせられるかもしれません。そんなときに貯金《ちょきん》がないととてもこまったことになってしまいます。

また、子《こ》どもも成長《せいちょう》するにつれて大学《だいがく》へ行《い》くなどお金《かね》がかかるようになります。

このように貯金《ちょきん》は本当《ほんとう》にお金《かね》が必要《ひつよう》になったときに役立《やくだ》てるように、またはこまらないようにするもので、未来《みらい》の自分《じぶん》へのおくりものともいえるのです。（答《こた》え②）

瀧靖之先生の

賢い子を育てるコツ

銀行《ぎんこう》はいつからあるの？

世界《せかい》でさいしょの「銀行《ぎんこう》」は紀元前《きげんぜん》3000年《ねん》までさかのぼります。バビロニアという古《こ》代王朝《だいおうちょう》では、神殿《しんでん》で人々《ひとびと》の財《ざい》産《さん》や貴重品《きちょうひん》を保管《ほかん》したり、穀《こく》物《もつ》や動物《どうぶつ》を貸《か》しつけたりしていたそうです。これが銀行《ぎんこう》のはじまりといわれています。

おかね

97

どうしてお金《かね》を出《だ》してものを買《か》うの？

1 ものとものを交換《こうかん》するのは大変《たいへん》だから

2 お金《かね》を出《だ》さないとどろぼうになるから

3 お店《みせ》の人《ひと》がこまるから

大《おお》

昔《むかし》にはお金《かね》はなく、ものとものを交換《こうかん》していました。これを物々《ぶつぶつ》交換《こうかん》といいます。しかし、物々交換《ぶつぶつこうかん》ではかならず相手《あいて》が自分《じぶん》のもっているものを気《き》に入《い》ってくれるとはかぎりません。そのため相手《あいて》を探《さが》すのが大変《たいへん》でした。そこでだれもがほしいものをお金《かね》のかわりとしてつかうようになりました。たとえば中国《ちゅうごく》ではきれいな貝《かい》がつかわれていました。財《ざい》、買《ばい》、費《ひ》、貧《ひん》、貯《ちょ》など、お金《かね》にかかわる漢字《かんじ》に貝《かい》の字《じ》がつかわれているのはそのためです。

古代《こだい》ローマでは兵士《へいし》のお給料《きゅうりょう》として塩《しお》がつかわれていました。大《おお》きな石《いし》や石《いし》でつくった矢《や》じり、布《ぬの》がつかわれたこともありました。こういったお金《かね》のかわりにつかわれたものを物品貨幣《ぶっぴんかへい》といいます。

今《いま》では「お金《かね》」がつかわれるようになりました。つまりお金《かね》があるからこそ、自分《じぶん》がいらないものとほしいものをとりかえてくれる人《ひと》をさが

お金《かね》がなかったら必要《ひつよう》なものが手《て》に入《はい》らない！

お金《かね》のおかげで必要《ひつよう》なものが
すぐに手《て》に入《はい》るし、おつりも出《だ》せるよ。

物々交換《ぶつぶつこうかん》でもものを手《て》に入《い》れられるけど、交《こう》換《かん》するものとぴったり同《おな》じ価値《かち》のものをもってくるのは大変《たいへん》なんだ。

す必要《ひつよう》がなく、また、大《おお》きな石《いし》を転《ころ》がして買《か》い物《もの》に行《い》く必要《ひつよう》もないのです。

また、国《くに》ごとにお金《かね》の種類《しゅるい》はちがいますが、その国《くに》のお金《かね》と交換《こうかん》してつかうことができます。つまり、お金《かね》は世界中《せかいじゅう》でつかうことができるのです。

あらゆる場所《ばしょ》であらゆるものやサービスと交換《こうかん》できるお金《かね》は世《よ》の中《なか》をとても便利《べんり》に変《か》えた大発明品《だいはつめいひん》だといわれています。（答《こた》え①）

瀧靖之先生の

賢い子を育てるコツ

お札《さつ》には工夫《くふう》がいっぱい！

お札《さつ》は特別《とくべつ》なインクや模様《もよう》、ホログラムという技術《ぎじゅつ》をつかい、工夫《くふう》してつくられています。かんたんにコピーできないようになっているのです。実際《じっさい》に見《み》て、さわって確認《かくにん》し、なぜそんなに気《き》をつけているのか考《かんが》えてみましょう。

おかね

98

ものの値段《ねだん》はどうやってきまるの？

1 会社《かいしゃ》の社長《しゃちょう》がほしい値段《ねだん》できめている

2 国《くに》がきめている

3 かかった費用《ひよう》にもうけを足《た》してきめている

ものをつくるためにはたくさんのお金《かね》がかかります。つかう材料《ざいりょう》、電気水道《でんきすいどう》などの料金《りょうきん》、はたらく人《ひと》のお給料《きゅうりょう》、つくるのに必要《ひつよう》な機《き》械《かい》、工場《こうじょう》などを買《か》ったり、借《か》りたりしたお金《かね》などです。このようなお金《かね》を経費《けいひ》といいます。さらに経費《けいひ》にもうけを足《た》して値段《ねだん》をつけます。それがそのままお客《きゃく》さんが買《か》う金額《きんがく》になるわけではありません。なぜなら、ものをつくる会社《かいしゃ》（メーカーといいます）とお店《みせ》の間《あいだ》には、卸売《おろしう》りと呼《よ》ばれる会社《かいしゃ》が入《はい》るからです。卸売《おろしう》り会社《がいしゃ》はメーカーから大量《たいりょう》に商品《しょうひん》を買《か》ってきて、お店《みせ》に売《う》る会社《かいしゃ》です。ここでもメーカーから買《か》った商品代《しょうひんだい》に、運《はこ》ぶお金《かね》、商品《しょうひん》を置《お》いておくための倉庫代《そうこだい》、はたらく人《ひと》のお給料《きゅうりょう》などさまざまな経費《けいひ》がかかり、卸売《おろしう》り会社《がいしゃ》のもうけも足《た》されます。お店《みせ》はこの卸売《おろしう》り会社《がいしゃ》から商品《しょうひん》を買《か》い、お店《みせ》の経費《けいひ》ともうけが足《た》されて商品《しょうひん》の値段《ねだん》がきまります。

ものを買《か》うまでにはたくさんのお金《かね》がかかっている！

高《たか》いものは、材料《ざいりょう》費《ひ》のほかにたくさんのお金《かね》がかかっていることが多《おお》いんだ。

自分《じぶん》でつくれば材料《ざいりょう》のお金《かね》だけですむけど、ものを買《か》う場合《ばあい》は、はたらく人《ひと》のお給料《きゅうりょう》、運《はこ》ぶお金《かね》、売《う》る人《ひと》のお給料《きゅうりょう》などもかかってくるんだ。

つくられるもの以外《いがい》も、同《おな》じように経費《けいひ》にもうけを足《た》して値段《ねだん》がきまります。ただし水道《すいどう》のようなみんなが必要《ひつよう》とするサービスにはもうけは足《た》されません。水《みず》も川《かわ》の水《みず》などを引《ひ》いてつかうため材料《ざいりょう》費《ひ》はかかりませんが、水《みず》をきれいにするための浄水《じょうすい》にかかるお金《かね》、水道管《すいどうかん》をきれいに保《たも》つためのお金《かね》、はたらく人《ひと》のお給料《きゅうりょう》などの経《けい》費《ひ》が足《た》され、つかった量《りょう》により値《ね》段《だん》がきまります。（答《こた》え③）

瀧靖之先生の

賢い子を育てるコツ

こう貨《か》はどんなものからつくられるの？

金属《きんぞく》でできたお金《かね》を「こう貨《か》」といいます。1円玉《えんだま》はアルミニウム、5円玉《えんだま》は銅《どう》と亜《あ》鉛《えん》、10円玉《えんだま》は銅《どう》と亜鉛《あえん》とスズ、50円玉《えんだま》と100円玉《えんだま》は銅《どう》とニッケルからつくられています。大《おお》きさや重《おも》さ、色《いろ》、もようをくらべましょう。

材料《ざいりょう》＝銅《どう》、亜鉛《あえん》、ニッケル アルミニウム など

おかね

99

どうして同《おな》じものでも値《ね》段《だん》がちがうの？

1 同《おな》じ商品《しょうひん》に見《み》えても中身《なかみ》がちがうから

2 買《か》う人《ひと》に届《とど》くまでにかかるお金《かね》がちがうから

3 好《す》きな人《ひと》には安《やす》く売《う》っているから

まったく同《おな》じものなのに、お店《みせ》によって値段《ねだん》がちがうことがあります。なぜお店《みせ》によって安《やす》くできるのでしょうか。まずひとつはたくさん買《か》うことで、安《やす》く仕入《しい》れることができます。たとえばA《エー》というスーパーは何十《なんじゅっ》けんもお店《みせ》があるため、たくさん商品《しょうひん》を買《か》います。買《か》ってもらえるB《ビー》会社《がいしゃ》にとって、いつもたくさん買《か》ってくれるA《エー》スーパーは大切《たいせつ》なお客《きゃく》さんなので、値段《ねだん》を安《やす》くして売《う》ってくれるのです。お店《みせ》によってはレジをお客《きゃく》さん自身《じしん》にやってもらい、はたらく人《ひと》をへらして値段《ねだん》を安《やす》くしていることもあります。

最近《さいきん》ではものをつくった会社《かいしゃ》が、買《か》いたい人《ひと》へ直接《ちょくせつ》売《う》る「直販《ちょくはん》」という方法《ほうほう》をとることで安《やす》くすることもあります。このような直販《ちょくはん》がかんたんにできるようになったのは、インターネットが広《ひろ》がったからです。メーカーもインターネット上《じょう》でお店《みせ》を出《だ》すことができるので、直接《ちょくせつ》買《か》いたい

売《う》るものの数《かず》とほしい人《ひと》の数《かず》で値段《ねだん》は変《か》わる！

ものの値段《ねだん》はそれにかかったお金《かね》のほかに
買《か》う人《ひと》の数《かず》によっても変《か》わってくるよ。

安《やす》ければ買《か》う人《ひと》は増《ふ》えるし、高《たか》いと買《か》う人《ひと》は
へるよね。売《う》りものをほしい人《ひと》が少《すく》なければ
安《やす》くしてほしい人《ひと》を増《ふ》やすんだ。

人《ひと》とつながることができるのです。

　また、物《もの》の値段《ねだん》はほしい人《ひと》の数《かず》と、売《う》ることができる数《かず》のバランスによっても変《か》わります。たとえば旅行《りょこう》へ行《い》くとしても、たくさんの人《ひと》が長《なが》く休《やす》める夏休《なつやす》みは飛行機《ひこうき》などの交通費《こうつうひ》やホテルなどの宿泊《しゅくはく》費《ひ》が上《あ》がり、平日《へいじつ》よりも値段《ねだん》が高《たか》くなります。買《か》い物《もの》をするときはいろいろなお店《みせ》で値段《ねだん》をくらべてみてくださいね。（答《こた》え②）

瀧靖之先生の

賢い子を育てるコツ

宝《たから》くじってなに？

宝《たから》くじとは、当《あ》たるとお金《かね》がもらえるくじです。1等《とう》を当《あ》てるとたくさんのお金《かね》がもらえるため、お金《かね》もちになることをゆめ見《み》て、多《おお》くの人《ひと》が宝《たから》くじを買《か》います。アメリカの宝《たから》くじでは、賞金《しょうきん》が100億円《おくえん》以《い》上《じょう》になったこともあります。

おかね

100

どうしてお金《かね》がある人《ひと》とない人《ひと》がいるの？

1 運《うん》がいい人《ひと》、悪《わる》い人《ひと》がいるから

2 仕事《しごと》によってもらえる金額《きんがく》がちがうから

3 生《う》まれつききまっているから

1

日《にち》に同《おな》じ時間《じかん》をはたらいても、もらえるお金《かね》は人《ひと》によってちがいます。もらえるお金《かね》はその人《ひと》がもっている能力《のうりょく》や経験《けいけん》によって大《おお》きく変《か》わります。たとえば何年《なんねん》も学《まな》ばなければいけない知識《ちしき》や技術《ぎじゅつ》をもっている人《ひと》はたくさんの会社《かいしゃ》がその人《ひと》にはたらいてもらいたいと思《おも》うので、お給料《きゅうりょう》を高《たか》くすることでその人《ひと》にきてもらおうとします。

また、長《なが》くはたらいている人《ひと》はたくさんのことを経験《けいけん》していて、もんだいがおきても上手《じょうず》に対応《たいおう》できます。そのため課長《かちょう》や部長《ぶちょう》といった地位《ちい》について下《した》の人《ひと》の面倒《めんどう》をみることで、高《たか》いお給料《きゅうりょう》をもらっていることもあります。一方《いっぽう》で、アルバイトのように好《す》きな時間《じかん》にはたらくことができたり、特別《とくべつ》な能力《のうりょく》が必要《ひつよう》ない仕事《しごと》ではお給料《きゅうりょう》は安《やす》くなります。

はたらいていなくても親《おや》からたくさんの財産《ざいさん》をゆずり受《う》けて豊《ゆた》かに暮《く》らしている人《ひと》もいます。

その人《ひと》の力《ちから》以外《いがい》にもお金《かね》のあるなしが貧富《ひんぷ》につながる！

お金《かね》もちの人《ひと》とまずしい人《ひと》の差《さ》が
日本《にほん》でも大《おお》きくなってきているよ。

お金《かね》がある人《ひと》はお金《かね》をつかってお金《かね》を増《ふ》やすことができるけど、お金《かね》がない人《ひと》はその余裕《よゆう》がないから差《さ》がますます広《ひろ》がるんだ。

お金《かね》がたくさんあると、銀行《ぎんこう》に預《あず》けたり、マンションなどを買《か》って人《ひと》に貸《か》し、家賃《やちん》を払《はら》ってもらうことで、お金《かね》を増《ふ》やすことができます。お金《かね》がない人《ひと》は増《ふ》やすことにお金《かね》をつかう余裕《よゆう》がないため、なかなかお金《かね》がない状態《じょうたい》からぬけ出《だ》せません。

このような豊《ゆた》かな人《ひと》とまずしい人《ひと》のちがいを貧富《ひんぷ》の差《さ》といい、日《に》本《ほん》でもこの差《さ》が大《おお》きくなりつつあるといわれています。（答《こた》え②）

瀧靖之先生の

賢い子を育てるコツ

破《やぶ》れたお札《さつ》はつかえるの？

お札《さつ》は破《やぶ》れてしまっても、銀《ぎん》行《こう》で交換《こうかん》してもらえます。ただし条件《じょうけん》があり、お札《さつ》の切《き》れはしが3分《ぶん》の2以《い》上残《じょうのこ》っていれば全額《ぜんがく》、5分《ぶん》の2以上《いじょう》、3分《ぶん》の2未《み》満残《まんのこ》っていれば半額《はんがく》の交《こう》換《かん》になります。5分《ぶん》の2未満《みまん》だと交換《こうかん》できません。

参考文献

『お化け図鑑』 近藤雅樹（監修） ＰＨＰ研究所
『学校では教えない　こどもの「経済」大疑問１００』 田中 力（著） 講談社
『お金ってなんだろう？　電子マネー・ポイントカード・バーチャルマネー』 荻原博子（監修） 文溪堂
『図解雑学 社会心理学』 井上隆二、山下富美代（著） ナツメ社
『図解雑学 心理学入門』 久能 徹、松本桂樹（監修） ナツメ社
『図解雑学 人間関係の心理学』 齊藤 勇（著） ナツメ社
『図解雑学 発達心理学』 山下富美代、井田政則、山村 豊ほか（著） ナツメ社
『世界一素朴な質問、宇宙一美しい答え』 ジェンマ・エルウィン・ハリス（編） 河出書房新社
『続・10歳の質問箱　なやみちゃん、絶体絶命！』 日本ペンクラブ「子どもの本」委員会（編） 小学館
『小さな疑問から大きな発見へ！ 知的世界が広がる 世の中のふしぎ４００』 藤嶋 昭（監修） ナツメ社
『なぜ？ どうして？ 科学のお話 ４年生』 科学のお話編集委員会（編） 学研
『なぜ？ どうして？ 身近なぎもん ４年生』 三田大樹（監修） 学研
『なぜ？ どうして？ 世の中のふしぎ』 藤嶋 昭（監修） ナツメ社
『なぜ？ ど～して？ 図鑑』 株式会社エディ・ワン（編） 永岡書店
『なんでも！ いっぱい！ こども大図鑑』 ジュリー・フェリスほか（著） 米村でんじろう（監修） 河出書房新社
『プレＮＥＯ きせつの図鑑』 長谷川康男（監修） 小学館
『プレＮＥＯ ふしぎの図鑑』 白數哲久（監修） 小学館
『プレＮＥＯ にっぽんの図鑑』 藤森裕治（監修） 小学館
『プレＮＥＯ よのなかの図鑑』 寺本 潔（監修） 小学館
『領土ってなに？』 塚本 孝（監修） かもがわ出版
『ＭＯＶＥ 宇宙』 渡部潤一（監修） 講談社
『ＭＯＶＥ 人体のふしぎ』 島田達生（監修） 講談社
『ＭＯＶＥ 植物』 天野 誠、斎木 健一（監修） 講談社
『ＭＯＶＥ 大自然のふしぎ』 長沼 毅（監修） 講談社
『ＮＥＯ 新版 動物』 三浦慎悟、成島悦雄、伊澤雅子ほか （監修） 小学館

そのほか、外務省、ＪＡＸＡ、学研キッズネット、神社本庁などのホームページ、国立科学技術館、日本科学未来館などの展示を参照しました。

東北大学 加齢医学研究所
教授・医学博士
瀧《たき》 靖之《やすゆき》

1970年生まれ。医師、医学博士。東北大学大学院医学系研究科博士課程修了。東北大学加齢医学研究所機能画像医学研究分野教授。東日本大震災後、被災地の健康調査や医療支援を行うために設立された東北大学東北メディカル・メガバンク機構教授。脳の発達、加齢のメカニズムを明らかにする世界最先端の脳画像研究を行う。読影や解析をした脳MRIはこれまでに16万人にのぼる。著書・監修書に『脳の専門家が選んだ「賢い子」を育てる100のおはなし』『脳の専門家が選んだ「賢い子」を育てることばのえじてん』『脳の専門家が選んだ「賢い子」を育てる100のものがたり』（すべて宝島社）ほか。

STAFF
編集　橋詰久史（宝島社）、阪井日向子（宝島社）、青木 康（杜出版）、星野由香里、小野瑛里子
カバーデザイン　小口翔平、岩永香穂（tobufune）
本文デザイン　林あい
執筆協力　青木 康、石井かつこ、竹田亮子、豊島あや、星野由香里、平松きよみ、鷲頭文子
イラスト　ながのまみ（表紙ほか）、いしいみえ、カワシマミワコ、笹山敦子、タカミヤユキコ、やまでらわかな、アベクニコ（似顔絵）
DTP　山本秀一・山本深雪（G-clef）

脳の専門家が選んだ
「賢い子」を育てる「どうして？」クイズ100

2019年3月1日　第1刷発行

監　修　瀧 靖之
発行人　蓮見清一

発行所　株式会社宝島社
〒102-8388 東京都千代田区一番町25番地
営業 03-3234-4621
編集 03-3239-0927
https://tkj.jp

印刷・製本　図書印刷株式会社

ISBN 978-4-8002-9262-9